だいわ文庫

1%の幸運を100%手に入れる

強運のつかみ方

橋本京明

大和書房

はじめに

好きな仕事で成功して豊かな生活を送っている、お付き合いしている人たちはみな穏《おだ》やかで人格者、親身になって寄り添ってくれる友人に恵まれている、パートナーはやさしくて笑顔の素敵な人、愛にあふれた温かい家族に見守られている、健康で病気とは無縁、いつも明るく前向き……。

まるですべての幸せを手に入れているかのような「強運な人」、そんな人はいるわけがないと思いますか？

たしかに、「強運な人」に出会うことは少ないかもしれません。なぜなら、強運な人は100人中1人くらいしか存在していないからです。しかし、裏を返せば**100人中1人は強運な人がいる**ということです。

実は、運に恵まれる人、恵まれない人には、それぞれ共通点があります。

「運」というと、ただ天に任せた偶然の産物のように思われるかもしれませんが、実は必然の結果なのです。それは、私が日々たくさんの方々を鑑定するなかで確信してきました。

強運な人は共通して運気が違います。**運気とは、運の波のこと**。まず大前提として、いいときもあれば、悪いときもあるといった、上がり下がりを繰り返す波のようなリズムで存在しています。そのなかでも、強運な人が共通して持っている理想的な波の形というものがあります。第1章で詳しく説明しますが、それは、**上下の振り幅が極めて小さい、ゆるやかな永遠の右肩上がりの波**です。ゆるやかだけど安定した上向きの波は、どんどん運を引き寄せ、幸せをつかみ取っていく波なのです。

「明日から人生を劇的によくしたい」と思っている人にとっては、ゆるやかな右肩上がりの波では、歩みの遅さに不満を抱《いだ》くかもしれません。

しかし、侮《あなど》ってはいけません。今日よりも明日、明日よりも明後日、明後日よりも1週間後、1週間後よりも半年後、半年後よりも1年後、1年後よりも10年後……、小さな幸運を感じながら、ずっと右肩上がりであれ

[運の波について]

◎理想的な運の波

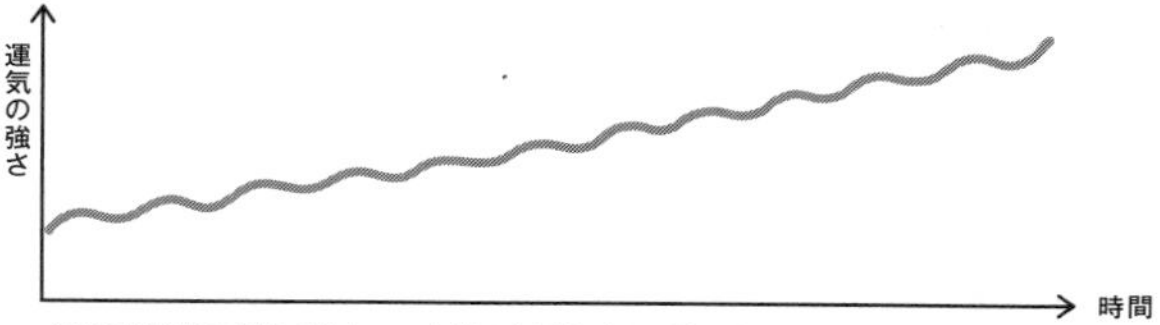

上下の振り幅の極めて小さい、永遠の右肩上がりの波。ゆるやかだけど、安定した上向きの波。強運な人は、共通してこの波の形を持つ。

◎低迷している運の波

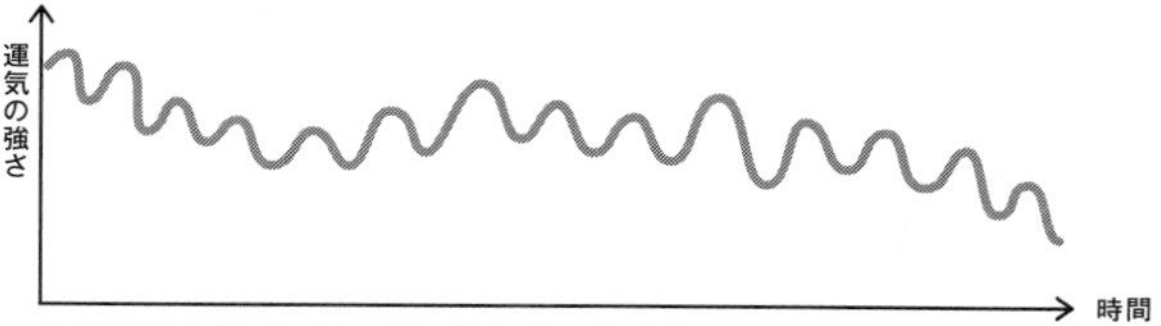

波の形がガタガタだったり、振り幅が一定せずに右肩下がりだったりと、不安定な波の形。心も環境も落ち着かず、運を逃しやすい。

◎転落しやすい運の波

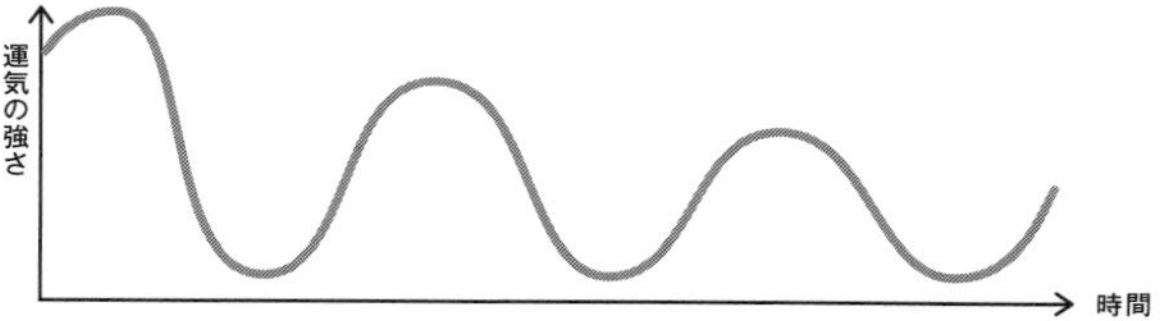

いいときの上がり具合も激しいが、その分、急激に落ちやすい。夢のような出来事が起きて舞い上がってしまうと、足をすくわれて激しく落ち込むことも。それを繰り返すことによって、徐々に右肩下がりになってしまう。

ば、スタート地点から比べて、何十倍、何百倍も高みに上り詰めることができるのです。

これぞ、まさしく、強運な人が持つ運気です。

「自分は強運な人になる資質などないのではないか」と不安に思う方もいらっしゃるかもしれませんが、それは違います。私たちは誰でも強運を引き寄せる力を持っています。ただ、それに気づいていないだけです。

本書では、本来持っている自分の偉大《いだい》な力に気づくための思考や実践法について、具体的に、なるべくわかりやすく解説していきます。それをぜひ実践していただき、あなた自身が強運な人になってください。

ところで、陰陽師《おんみようじ》である私が、なぜここまで「運」について熱く語るのかといえば、「運」と「陰陽師」には密接な関係があるからです。

『古事記』によると、飛鳥時代から明治時代までの1195年間、国に遣《つか》えていた陰陽師は、時の天皇や武将たちに運のいいタイミングや方角、場所などをアドバイスし、国難や戦争などの困難な局面を切り抜けていました。国の一大事を乗り越えるために、運を味方につける。それが陰陽師の仕事だったのです。

今、私は代々続く橋本家の陰陽師として、鑑定を通してみなさまを開運に導くお手伝いをさせていただいております。いってみれば、運を味方につけるためのアドバイスをして差し上げているのです。

運を味方につけるコツをつかまれた方は、最初は小さな歩みであっても、時を経るごとにパワフルな歩みとなって、強運の持ち主となられています。

もし今、あなたが「何をしてもうまくいかない」「人生は不公平だ」などと感じておられるなら、その「負のスパイラル」から抜け出し、小さな幸運に恵まれる日々を重ねていくことで、人生をもっともっと輝かせることができます。

さぁ、あなたも強運な人になりませんか？

その一歩を、この本から始めましょう。

橋本京明

目次

第1章 強運な人だけが知っているものの考え方、とらえ方

第2章 強運な人だけが実践している13の習慣

第3章

人間関係の運をつかむ

第4章 恋愛・結婚の運をつかむ

第5章 仕事・お金の運をつかむ

第6章 健康の運をつかむ

付録

第1章

強運な人だけが知っているものの考え方、とらえ方

「運」は偶然の産物などではない

運がいい、運が悪い――。
運がある、運がない――。

これらは、私たちが日常で普通に使っている言葉です。目に見えるものしか信じない人でさえ、目に見えない「運」の存在を当たり前のように話しています。

たとえば、宝くじに当たった、混んでいる駐車場で偶然空きを見つけて駐車することができた、会いたかった人にたまたま出会えた……といったように、自分の力が及ばないところで偶然的によいことが起こると、私たちは「運がいい」「ツイてる」と言います。

一方、お気に入りのレストランに行ったら休業日だった、会いたくない人にバッタリ会ってしまった、やっと就職した会社が倒産してしまった……という ように、努力をしても結果に結びつかなかったり、起きてほしくないことが偶然にも起こってしまったりすると、「運が悪い」「ツイてない」と言います。

よくも悪くも目に見えない何らかの影響を受けて結果が変わるものを、私たちは「運」と言い、そうした存在を無意識に感じているのです。

これらの「運」は決して偶然の産物ではありません。私たちの行動や、言葉、想いなど発したエネルギーの分だけ自分にも返ってくるという、因果関係があるのです。よく「起こるべくして起こった」と言いますが、まさにそのとおりで、人生には「不公平」という言葉は存在しないのです。

それは、私のところに来る相談者を見ているとよくわかります。悩みが多く、不平不満ばかり言っている人は、多くのトラブルや不幸な出来事によく遭遇《そうぐう》しています。一方、お付き合いのある財界人や、いわゆる成功者の方々とお会いすると「不思議といい話が舞い込んだ」「トントン拍子に話が進んだ」といった話が多いのです。

いいことが起こらない、トラブル続きと感じている人は、ぜひ自分を振り返ってみてください。最近、誰かに不満を抱きませんでしたか？　つい意地悪な態度をとったりしませんでしたか？　悪口や陰口を言いませんでしたか？

もし、思い当たることがあるなら、あなたのしたことが、ただそのまま結果として返ってきているだけです。それを「運が悪い」と言って片づけていては、いつまで経っても同じことの繰り返しです。あえて厳しい言い方をすれば、「無責任」ともとれます。

運がいい人は、絶対に、誰かの不満や陰口を言ったり、意地悪をしたりしません。運がいい人は、「運は必然であることを知っている」ので、いい言葉を使うように意識し、人に喜ばれるような行動を積極的にとり、物事をポジティブにとらえるように、努力しているのです。それが結果的に、自分の幸せにつながることを理解しているからです。

自分から発したものはすべて、自分に返ってきます。それが「運」というものです。この世はすべて自己責任で、運は必然であることを、しっかり認識しましょう。その気づきが、強運をつくる土台となります。

運気を上げたいなら自然のリズムと同調する

運とは、自分が発したものが返ってきた結果であり、必然のものであることをお話ししましたが、強運の運気をつくるために、ぜひ知っておきたいベースがあります。

それは、「自然のリズムと同調する」ことです。

「運気」と「自然のリズム」、それはとても密接な関係にあります。「はじめに」でも述べたように、運気とはいいときは上がり、悪いときは下がるといった波のような形で、上がったり下がったりを繰り返しています。

この運の波は、別名「バイオリズム」ともいわれ、私たちの体調や感情とも連動しています。バイオリズムの「バイオ」とは生命、「リズム」とは規則的な運動を意味していますが、私たちの体調や感情なども、すべてこのバイオリズムで成り立っているのです。ですから、体調や感情が安定しているときは、運気もアップ気味、調子が悪かったり、心がざわついているときは運気も下がり気味になったりします。それは、運気と、体調や感情がリンクしているからです。

地球のリズムを無視すると運気は急激に下がる

では、体調や感情を安定させて、いつも穏やかでポジティブでいるためには、どうすればいいでしょうか？

それは、「自然のリズム」と同調することです。なぜなら、この地球に住む生命体である私たち人間は、自然の一部、地球の一部でもあるからです。

自然のリズムとは、朝がくれば夜がくる、1日は24時間、1年は365日というように、常に規則正しく時を刻むリズムであったり、春、夏、秋、冬といった四季のリズムであったり、地球から見た月の周期リズムであったり……。地球はいつもそうした一定のリズムを刻みながら呼吸をしています。

これらの自然のリズムを十分に感じて、自然に逆らわずに生きているとき、私たちの体調や感情も安定しているので、運気を上げることにつながります。

実は、今のように便利な世の中ではなかった昔の人たちは、この自然のリズムを敏感に察知《さっち》しながら生きていました。雲の様子から天気を読み、風の冷たさから季節を感じ、農作物を育て、生活環境を整え、自然の猛威《もうい》から身を守って生きていたのです。

現代は、電気やガス、水道、ＩＴ機器などが発展し、夜も明かりが煌々《こうこう》とつき、エアコンをつければ快適に過ごせるような、便利な世の中になりました。しかし、その分、自然のリズムを意識できなくなっていることも事実です。

夜更《よふ》かしをしたり、暑さや寒さを感じずに過ごすような、地球のリズムを無視した生活は、体と心のバランスを崩し、運気を急激に下げてしまう原因となってしまいます。

強運の運気を保ちたいなら、そのベースに「自然のリズム」があることを認識しましょう。自然のリズムと同調できたとき、あなたの運気も上がりはじめます。

強運な人が持っているバイオリズムの形を知る

ここで強運な人になるために目指すべきバイオリズムの形について、詳しく解説したいと思います。

私たちは、誰でも上がったり下がったりを繰り返す波のようなリズムの運気（バイオリズム）を持っていますが、そのなかでも、振り幅の極めて小さいゆるやかな永遠の右肩上がりの波こそ、理想的なバイオリズムの形であることは「はじめに」でも述べたとおりです。

5ページで［運の波について］の図を見ていただきましたが、強運な人だからといって、一直線に右肩上がりの運気を描くということはありません。誰もが、必ず、上下に振り幅のある波を描いています。ですが、強運な人の波は、急激に上がったり、急激に下がったりすることはありません。

仮に、急激に運気が上がると、どうなるでしょうか？　思いがけずものすごい幸せが舞い込むと、たいがいの人は、幸せの絶頂に駆け上がった気分で我を忘れ、舞い上がってしまいます。すると、そんなつもりはなくても、無意識のうちに有頂天《うちょうてん》になり、周りの人の気持ちに寄り添えなくなってしまうものです。

そんなときに必ず起こるのが、幸せの絶頂から不幸のどん底へ、突然引きずり落とされる出来事です。たとえば、宝くじに当たって大金を獲得したものの、ギャンブルにのめり込んで破産し全財産を失った、知り合って日も浅い男性からプロポーズをされて舞い上がっていたら、彼は結婚詐欺師《さぎし》でお金をだまし取られたなど。これらも、起こるべくして起こった結果ではあるのですが、急激に運気がアップすると、急激に下がるといった、浮き沈みの激しい人生を送ることになってしまうのです。これでは強運な人とはいえません。

ですから、堅実に生きて、小さな幸せを一つひとつ積み重ねていく生き方、つまり、上がり下がりの振り幅が小さくゆるやかで、トータルで見ると永遠に右肩上がりの波の形こそ、強運な人の描くバイオリズムなのです。

人生には自分で書いた台本がある

生きていれば、つらいことも悲しいことも起こります。ときには、「なぜ自分にばかり不幸な出来事が降りかかるのか」「もう明日がこなければいいのに」と思ってしまうこともあるでしょう。しかし、自分の人生はすべて自分が決めているのです。「人生の台本は自分が書いた」ということをぜひ知ってください。

実は、占いで鑑定すると、私たち一人ひとりの未来はだいたい決まっていることがわかります。生年月日、生まれた時間、場所などによって、その方の性格だったり、将来起こる病気や時期、結婚に適したタイミングや相性、仕事で成功する時期などがわかるのです。

つまり、これこそが「宿命」です。生まれてくるときにすでに決まっていることであり、いわゆる〝人生の台本〟なのです。

なかには、「将来離婚する」「病気になる」など、よくない台本を持って生まれてきている方もいます。そう聞くと心配になられるかもしれませんが、病気になりやすい、事故に遭《あ》いやすいといったような台本を書いてきたのなら、それを克服《こくふく》するために生まれてきているということです。自分が書いた台本にはきちんと意味があるのです。

たとえば、経済的に苦しい家に生まれた子どもと、裕福な家に生まれた子どもがいる。これも必然です。貧しい家に生まれた子どもは、前世で裕福な家に生まれ、今世はお金では買えない価値を学ぼうと、わざわざ経済的に苦しい家を選んだのかもしれませんし、貧しい環境から努力をして、世の中に影響を与えるような人になることを決めて生まれてきたのかもしれません。

裕福な家に生まれた子どもは、前世でお金持ちを羨《うらや》ましく思い、お金を持っていることが本当に幸せなのかどうかを検証するために豊かな家を選んだのかもしれません。もしくは、お金を必要としている人たちに豊かさを分け与えるために、裕福な家庭に生まれる必要があったのかもしれません。

こんなふうに、人は自らの台本どおりに環境を選んで生まれてくるのです。

この物質社会においては、一般的に、お金があったほうが幸せという価値観が根づいています。そのため、どうしても裕福な家に生まれた子どものほうが幸せだと思いがちですが、実はそうではありません。固定概念を捨てて今の状況をどのようにとらえるかによって、運がよくなるのか、それとも悪くなるのかが決まるのです。

悪い台本だからといってあきらめるのではなく、それをいい結末にするために自分は生まれてきたのだととらえ、そのためには今どのように考え、何をすればいいのか、まずは自分の置かれた状況を分析してみましょう。必ず、あなたの台本に書かれたハッピーエンドのカギを見つけられるはずです。

運をよくするのも、悪くするのも自分次第

せっかくのいい台本を、わざわざ悪い結末に書き換えようとしてしまう人もいます。

たとえば鑑定にこられる方のなかには、羨むほどの裕福な家に生まれたけれ

ど、家庭環境が複雑で人間関係に疲れ、前向きな気持ちを失い、お酒やギャンブル、不倫などにおぼれてしまうような方もおられるのです。

生まれた家の家庭環境がどうであるかは、たしかに私たちの人生に大きな影響を及ぼします。しかし、人や環境のせいにしていてはいつまで経ってもいい結果は得られません。相手や環境のせいにしている限り、周りが変わらなければ自分の幸せはやってこないからです。

自分の人生の台本は自分で書いたことを忘れてはいけません。ドラマでも映画でもそうですが、私たちは何かしら起こった事件を、主人公たちが必死に乗り越えるシーンに感動するものです。

人生もそれと同じ。何の悩みも、苦しみもない人生は存在せず、誰もが必ず何かしらの学びを設定し、それを乗り越えるために生まれてきているということです。

自分の台本を悪い結末で終わらせて「運の悪い人生だった」と嘆《なげ》いて亡くなるのか、いい結末で終わらせて「運のいい人生だった」と微笑《ほほえ》みながら亡くなるのか、どちらの人生を選ぶのかはあなた次第なのです。

「選ばなかったもうひとつの人生」は存在しない

人には必ず人生を左右するターニングポイントが存在します。

どこに進学するのか、どんな働き方をするのか、誰と結婚するのか——。そのときどきに、自分では「この道が最善」と思って選んではいるのですが、いざ歩み出すと困難な状況が続くことに疲れ果て、「あのとき、もうひとつの道を選択していたら、こんなつらい人生を送らなくて済んだのに……。人生の選択を誤った」と思いがちです。

しかし、本当にそうなのでしょうか?

右の道を選ぶか、左の道を選ぶかによって、人生が大きく左右されるように思えますが、仮にもうひとつの道を選んだとしても、行き着く場所は一緒なのです。なぜなら、自分で書いてきた台本どおりに人生は進んでいるからです。

もっと言うと、選ばなかったもうひとつの道は、そもそもあなたの人生には存在していないのです。私たちは、台本どおりの人生を歩むため、選ぶべき道をきちんと選び取って、今ここにいるのです。選ばなかった人生は、あなたの台本にはなく、実は、今生きている人生以外の選択肢はなかったのです。

それを知らずに、自分に起きた事象だけを挙《あ》げ連《つら》ねて「不幸だ」「運が悪い」などと言っていると、それと同じような結果が返ってきてしまいます。

そうなることに意味があって、あなたが書いてきた台本なのです。今の状態に不満を感じているなら、それを生み出しているのはあなた自身だということに気づきましょう。

人生は自分がつくっている。この真実に気づくことができれば、何が起こっても一喜一憂《いっきいちゆう》することなく、穏やかな気持ちで過ごせるようになるでしょう。

運気を確実に上げる「感謝」を知る

運気を上げるために必要なことは、まず自然のリズムを十分に感じ、そのうえで、自分の人生は「台本」のとおりだと知ることだ、とわかりました。

では、さらに運気をアップするために必要不可欠なことは何でしょうか？

それは、「感謝」の心を持つということです。

何か特別なことを期待していた方は、ありきたりの答えにがっかりするかもしれません。たしかに、「感謝が大切」ということは誰でも口にしていることです。しかし、日常のささいな出来事すべてに「感謝」できる人は、そう多くはありません。

たとえば、おいしいお米を毎日口にできるのは、春に苗を植えれば秋にちゃんと実ってくれるからです。なぜ稲が実るのかといえば、日本は稲穂の生育に適した自然環境に恵まれているからです。梅雨《つゆ》の時期に降り注ぐ雨、日光をたっぷり与えてくれる夏の太陽……、稲穂にとって最高の気象条件が整っているからこそ、日本はおいしいお米をつくることができるのです。どの国でもお米が穫《と》れるわけではありません。

自然のリズムに同調できるようになると、「地球に生かされている」と思えるようになってきます。すると、今まで「あって当然」だと思っていたことすべてに、「感謝」の念が湧《わ》いてきます。

そのような心持ちになれれば、日々の食事もおいしく感じられるようになるでしょう。もし、食事をおいしいと思ったことがない、お腹さえ満たせれば何を食べてもいいと思っているなら、「感謝」を忘れている証拠です。自然のリズムを無視し、心に余裕がないので、毎日の小さな幸せを感じることができなくなっています。

強運な人のバイオリズムである「振り幅の極めて小さい、永遠の右肩上がりの波」というのは、日々の生活のなかで「感謝」を感じながら育まれていくのです。

毎日の生活で感謝ができるようになると、いきなり急降下するような運気はやってきません。当たり前の日常すべてに感謝できる気持ちを持って生きるということは、いつどんなときも幸せを感じられるということですから、それに呼応したうれしい結果が返ってきます。つまり、必然的に「永遠の右肩上がりの運気」となるのです。

さらに上の「感謝」をする

さらに運気を上げる高度な「感謝」というものがあります。いいことをされたり、助けられたりしたら「感謝」。これは、ある程度の人はできると思いますが、さらに上の「感謝」というものが存在します。

それは、自分にとって不利益なこと、理不尽《りふじん》なことをされても「感謝」をすることです。これができると、それは強力な運が味方するようになります。

理不尽なこととは、たとえば、他者の失敗を自分がかぶらなければならない状況に陥《おちい》った場合などです。たいていは「何で？　私は悪くないのに……」と不平不満が先にたってしまうものです。

ですが、すべての出来事は自分がしたことしか返ってこない、つまり、自分の行いの投影であることがわかっていれば、「これは、何かを気づかせてくれているに違いない。ありがたい」と感謝に変えることができるのです。

かなりの上級テクニックかもしれません。しかし、感謝をすることで、感謝されるようなことが返ってくると考えてみれば、やってみる価値はあるでしょう。また、感謝に変えることで、ネガティブな出来事をうまく乗り越えることができれば、自分の自信にもなりますし、周りからの評価にもつながります。部下からも慕《した》われ、人望も得られるかもしれません。

実は、どうしても感謝できないような状況で感謝ができる人になると、天からのご褒美《ほうび》としてものすごいポイントが与えられ、強運な人へと、より早く近づくことができるのです。

つまり、どんな状況においても、「感謝」するということは、運を味方につける最大の武器なのです。

不運は、魂が教えてくれるありがたい警告

「感謝」は運を味方につけるために必要不可欠なものであることはお伝えしたとおりですが、不運続きの場合は、どのように「感謝」をすればいいのでしょうか？

実は、不運が続くということは、宇宙の法則で見ると、とてもありがたいことなのです。

たとえば、財布を落としてしまった、車を柱にぶつけてしまいバンパーがへこんでしまったなど、アクシデントに見舞われるときは、「もっと注意深くなって！」「地に足が着いていないよ！」という魂からの警告だからです。

警告してくれるからこそ、人は気づくことができます。「次は気をつけよう」「考え事ばかりしていないで、今この瞬間を意識的に生きよう」、そう思えるからこ

そ、大きなトラブルに発展することなく、終えることができるのです。

不運に見舞われたときに、「気づき」と思える人は運が上がります。魂からの声を受け取ることができたからです。

また、「これくらいで済んでよかった」と思うことで、感謝に変えることもできます。「お財布を落としたけれど、全財産を失ったわけではなくてよかった」「車を柱にぶつけたけれど、大ケガをせずによかった」といった具合です。

こういうふうに思えれば、今生きていることでさえ「ありがたく」思えるものです。不運を「不幸」ではなく、「気づき」と「感謝」として受け取ると、みるみる運気の上昇スパイラルに乗っていけるのです。

乗り越えられる試練しかやってこない

「なんで自分ばかり、つらい目に遭うんだろう」と思うことがたび重なると、損した気分になるかもしれません。

しかし、本当のことを言うと、「これでもか」とつらい出来事がやってくる人こそ、潜在的に高い運気の持ち主なのです。試練を乗り越えられない人には、困難やトラブルは起きないからです。もともと乗り越えられない人は、平凡な人生を送ります。

「そんなことを言われても、自分には試練を乗り越える体力も気力もない」と思われるかもしれません。

そんなときは、思い出してください。この試練は自分で決めてきたものです。

そう、人生の台本に書いてきたのです。その試練にきちんとした意味を持たせて。

ですから、今つらい、苦しいと思っている人は、「自分は必ず乗り越えられる。それだけの強運を持って生まれてきたんだ」と考えて、試練に向き合ってみてください。

試練を乗り越えられたら、もう二度と同じ目には遭いません。それどころか、よくがんばったご褒美として、倍以上の幸せが舞い込んでくるでしょう。

つらい、苦しいことはイヤだと顔を背《そむ》け、向き合うことを拒否して逃げてばかりいると、そのうち「逃げるクセ」がついてしまいます。

たとえば、会社に苦手な人がいるからといって別の会社に転職すると、そこにも苦手なタイプの人がいた、というような話はよく聞きますが、逃げても逃げても結局は乗り越えるまで、何度でも同じことがやってくるようになるのです。

まるで、できるまで何度でも受けなければいけない追試テストを受けているようなイメージです。わずらわしい追試テスト（試練）は、しっかり勉強して（向き合って）、早く片づけて（乗り越えて）しまいましょう。

そんなあなたに運は味方してくれるはずです。

運気が下がったときこそ力を蓄《たくわ》える

強運な人は、運気が下がったときこそ重要であることを知っています。

運気とは、上がったり下がったりを繰り返す波のような形をしていることはお話ししたとおりですが、この下がったときにどのような気持ちで、どのように対処するかによって次がさらによくなるのか、今よりも悪くなるのかが決まるのです。

スポーツ選手を見ていても、いつもいい成績を残せるわけではありません。昨日までは何本もヒットを打っていた野球選手が、なぜか突然ふるわなくなり、スランプに陥るなんてことも多いでしょう。

そのときこそ、正念場《しょうねんば》です。「今、自分の運気は下がっている。でも、下がっているということは、必ず上がるということだ。そのためにも、今このつらく苦しい挫折《ざせつ》のときを学びの時期と考えて、がんばってみよう」。そう、自分に活《かつ》を入れることで、さらに飛躍《ひやく》していけるのです。そう考えれば、正念場というのは、運気を上げる絶好の機会ともいえそうです。

挫折を味わっているときというのは、周りの人たちも辛辣《しんらつ》です。「あいつの時代は終わったな」「もうダメだな」などと、勝手なことを言うかもしれません。しかし、周りの意見に惑《まど》わされて心が折れてしまってはいけません。他人の意見は気にせずに、運気が回復してくるときのために、地道な努力で力を蓄えるのです。

私たちは全知全能の神様ではありません。不完全な人間です。どんなに素晴らしい人であっても、まっすぐ直線的に運気が上がりっぱなしということは絶対になく、必ず調子が悪くなるときがあるのです。

人生がうまくいかないと思ったときは、運気が上がるときに備える大切な時期であることを知りましょう。運気が下がったときにどう過ごすか、ここが、人生に大きな差を生む重要なポイントになります。

運気を下げる最大の原因は「執着」である

私たちの運気を落とす最大の原因といってもいいもの、それは「執着」です。強運な人は、そのことに気づいています。

執着とは、人や物やある状況に心がとらわれてしまい、それにしがみついて手放せなくなってしまうことです。周りのことや相手の気持ちなどにはおかまいなく、自分のことしか見えていない狭い視野の自分勝手な状態です。

こう言うと、ひどい状況に思えますが、実は「執着」は日常のなかにたくさん転がっています。たとえば、遺産相続などでもめるのは、お金を少しでも多く欲しいという「執着」からです。他にも、別れた彼を取り戻したい、ブランド品のバッグがどうしても欲しい、正社員でないと就職したくない、なんとかして若さを取り戻したい、チョコレートがどうしてもやめられない……。

思い当たることはありませんか？

なぜ執着するのかというと、恐れる気持ちがあるからです。お金がなくなったらどうしよう、彼がいない生活なんて考えられない、ブランド品を持っていないと自信が持てない、ちゃんとした保障がないといざというとき困る、若さを失いたくない、甘い物を食べないと精神的に不安定になってしまう……。こうした恐れがあるため、手放さないことで安心感を得ようとしているのです。

では、どうすれば執着から逃《のが》れられるのか？

答えはとても簡単です。ただ手放せばいいのです。

これまで自分が握っていたものを手放すとき、人は不安になるものです。けれども、冷静になって考えてみてください。がむしゃらにしがみつき、手放せなくなっているものにこだわりつづけた結果、何かいい結果を生みましたか？心がウキウキするような幸せは舞い込みましたか？

執着からは何も生まれないどころか、かえってトラブルを引き起こし、望む結果を手に入れられない状況に自分を陥《おとしい》れるだけです。

両手がふさがっている状態で、さらに運をつかむことは、はっきり言って不可能です。「こうでなければ」「あれもこれも手に入れなければならない」と思えば思うほど、そうならない状況にイライラし、不平不満がたまっていく。そういう状況にさせているのは自分だということに気づかなければいけません。

強運な人になりたいのなら、思い切って「執着」を手放しましょう。ギューギューに詰め込んだクローゼットに新しい洋服が入らないのと同じように、執着でいっぱいのときは、幸せは決して舞い込んでこないのです。

運気をアップしたいなら、執着を捨てて幸せが入り込むスペースを空けることです。すると、自分の気持ちが軽くなり、本当の幸せがくっきりと見えてきます。

自分へのロックを外せば願いは叶う

強運な人たちが、願いを次々に叶えていくのはどうしてだと思いますか？
それは、願いを現実化するためのコツを知っているからです。
そのコツとは「自分自身にロックをかけない」ということ。

その前に、「潜在意識《せんざいいしき》」について少し解説をしましょう。私たちは、心の奥底に「潜在意識」という記憶の倉庫のようなものを持っています。そこには、自覚していないけれども、過去に起きた出来事の記憶などがたくさん保管されています。

潜在意識に入っているものは、普段私たちが思考していること以上に強い力を持っています。たとえば、酔っ払って記憶が飛んでしまってもまっすぐ家に帰れるのは、潜在意識のなかに自分の家までの道のりがしっかりと刻み込まれているからです。

こんなふうに、私たちを守る役割もしてくれる潜在意識ですが、一方で、悪い意味で人生を支配してしまうこともあります。「願いが叶わない」というのはその典型です。

たとえば、「作家になってベストセラー小説を出す」という願いがあるとしましょう。そのときに、口では「ベストセラー作家になるぞ！」と言っていても、潜在意識のなかに「私は人から注目されるのが苦手だし、自分にそんな才能なんてあるわけない」という想いが入っていると、潜在意識の想いが優先され、ベストセラー作家どころか、本を書いても売れない、出版さえ叶わないという現実を引き寄せるのです。

願いが叶わないという方のほとんどの理由が、この潜在意識によるロックです。ここに願いを現実にさせない原因があるのです。

その多くは、自己肯定感の低さからくるものです。自分に自信がないので、「まさか自分に叶うわけがない」と思っているのです。

では、そのロックを外したらどうなるでしょうか?

庭つき一戸建ての家に住みたい、海が見える場所に別荘を持ちたい、海外でビジネスを成功させたい、理想の相手と結婚したい、もっと美しくなりたい……、全部お望みどおりの人生が約束されているということです。

強運な人は、その秘密に気づいています。自分の心(潜在意識)のロックを外し、心から願いが叶うことを信じているので、そのとおりに現実となっているのです。

よく「流れ星が流れている間に願い事を言うと叶う」という迷信がありますが、これはあながちウソではありません。とっさのときでも願い事を明確に言えるほど、潜在意識のなかに強い想いがインプットされているということです。

あなたの願いの現実化を阻《はば》むロックは何ですか?

自分にどんなロックがかかっているのかを知り、それを解除してあげることで、願いは現実となるのです。

本気の覚悟が強運をつくる

運気は「こうなったらいいな」程度の想いでは変えられません。強運な人はそのことを知っているので、やりたいことには本気の覚悟で臨《のぞ》むのです。

これは、あるＩＴ企業の社長さんの話です。その社長さんは、有言実行をポリシーにしておられる方で、一度口に出したことは必ず実現させる人です。周りの人たちはそんな社長さんを見て、「社長は自分たちとは違う。もともと能力があるからできるんだ」と、自分たちとは遠くかけ離れた世界の人だと思っていました。

そんなある日、1人の社員が「なぜ、社長は掲《かか》げた目標を必ず実現できるのですか？」と尋《たず》ねたところ、次のような驚くべき答えが返ってきました。

「私は、目標を実現するために、毎日１００個の方法を考えて、それを行動に起こしている。みんなは、私が実現したところしか見ていないけれど、本当は常に失敗だらけなんだよ。失敗したら次の方法、その方法が失敗したらまた次の方法とやっていくうちに、１００個目くらいで、やっと成功するんだ」

この社長さんは、目標を決めたら、それに対して本気の覚悟で臨んでいたのです。「絶対に成《な》し遂《と》げてみせる」「必ず実現できる方法があるはずだ」という、何があってもあきらめずに取り組む姿勢があれば、実現できないものはないということを知っていたのです。

これが強運な人の思考です。「○○がないからできない」「○○のせいでやる気を失った」、そんな言い訳や文句を言っている暇があるのなら、とにかく「実践」することです。

一に実践、二に実践、三四も実践、五も実践！　です。

あなたにはそれだけの覚悟がありますか？　本気の覚悟があってこそ、強運がついてくるのです。

運は人によって運ばれてくる

強運な人は、出会う人が違います。世の中に発言力がある人、見返りを期待せず手を差し伸べてくれる人、親身になって寄り添ってくれる人、自分を引き上げてくれる人……、羨むような素晴らしい人脈に恵まれ、その人たちの力も加わって運を上げていきます。

なぜ、強運な人はそのような人たちと出会えるのでしょうか？

それは、「運は人によって運ばれてくる」ということを、深く理解しているからです。

まず、運はどこからやってくるのか。運は「人」が運んでくるものです。見ず知らずの人からは運ばれてきません。仕事で出会った人、友人、知人、親戚など、あなたに〝縁〟がある人を通してうれしい出来事が舞い込んだりするのです。

ですから、出会った人とのご縁を育てるということはとても重要です。たとえ、その人が苦手な人であっても、1年後には親友になっている可能性だってあるのです。それなのに、苦手だからといって、無視をしたり、冷たい態度をとったりしていては、運を呼び込む可能性を断《た》ってしまっていることと同じです。

苦手な人こそ、自分の未熟さを教えてくれる「鏡」のような存在です。私たちは人を通して学び、成長し、運を開いていくのです。

まずは目の前にいる人を大切にしてください。損得勘定を抜きにして、謙虚《けんきょ》な姿勢で、笑顔で話しかける。人は、そんな人に好印象を抱きます。そしてまた会いたい、あの人のためなら協力したい、そんな気持ちにさせていくのです。

人によって態度を変えることなく、人と丁寧に接していく。その積み重ねが信頼関係を築き、ご縁をつくっていくのです。

確実に運をつかむための5つの心構え

ここまで、強運な人だけが知っているものの考え方やとらえ方についてお話ししてきましたが、運をつかみ、豊かで幸せなサイクルに乗っていくためには、どんな心構えで生きていけばいいと思いますか?

それは、次に挙げる5つです。これは、私が鑑定をしてきたなかで確信を持って言える、「強運な人が持っている心構え」です。もっと言うと、この5つのどれかひとつでも欠けたら強運な人にはなれません。

では、ひとつずつ見ていきましょう。

1つ目は「柔軟《じゅうなん》な考え方ができる」ことです。すでに、運気は体調や感情のバイオリズムともリンクしていると話しましたが、凝《こ》り固まった考え方をしていると、人と意見が合わず、どうしてもストレスがたまってしまいます。すると、感情は乱れ、体調も低下し、必然的に運も下がってしまうのです。

強運な人は、他人の意見や価値観をやさしく受け入れます。柔軟な考え方ができるので、相手を否定することはありません。人は受け入れられると心を開きたくなるので、どんどんいい出来事やうれしいことを、その人に運びたくなります。つまり、柔軟な思考でいるということは、運をつかむために欠かせないことなのです。

2つ目は、「好奇心を強く持っている」ことです。運のいい人は、好奇心のあるところへどんどん足を運びます。友人から誘われたランチ会、フェイスブックで知った勉強会、会ってみたい方が登壇《とうだん》するセミナー、異業種交流会など、「行ってみたいな」「ちょっと覗《のぞ》いてみたいな」と思っている場所には、迷わず出かけていきます。

ですから、とても忙しいのです。それでも、好奇心の赴《おもむ》くままに動いていくのは、自分の幸せに貪欲《どんよく》だからです。心にフィットするものに出会えたとき、自分の世界がまたワンステージアップすることを知っているのです。

「行きたいけど面倒くさいから」「初対面の人に会うのは疲れるから」などの理由で家にいてばかりでは、決して強運な人にはなれないことを覚えておいてください。

3つ目は「クヨクヨしない」ことです。失敗や挫折に見舞われたからといって、終わったことを後悔しても何も生まれません。クヨクヨしたところで、いいことなど何ひとつ起こらないのです。困難な出来事が起こったときは、その後、必ず運が上がることを信じて力を蓄えることが大事と話しましたが、逆境こそチャンスだと信じて、とにかく前向きになることです。強運を引き寄せたいなら、どんなことが起こってもポジティブに生きる、ただそれだけです。

4つ目は「根気強く生きる」ことです。なぜなら、たいていの人は少し行動を起こしてみて思いどおりにならないと、すぐあきらめの境地《きょうち》になってしまうからです。

強運とは、「これでもか、これでもか」と粘り強く果敢《かかん》に生きた人へのご褒美です。目いっぱい努力したことに対する結果として返ってくるものです。いつかきっと成功するはずだ、そう信じてコツコツと努力する心構えが、強運をもたらします。

最後、５つ目は「直感を信じる」ことです。直感とは、ふと湧いてきたひらめきやアイデアなどです。「直感なんて感じたことがない」と思うかもしれませんが、案外誰でも直感は受け取っています。でも、それを直感だとは思わずに「単なる思い過ごし」「くだらない妄想《もうそう》」と、まともに取り合っていないだけです。

バカバカしいと思うことであっても、ふと湧いてきた考えは、すべて自分の内から出てきたものです。つまり、本当の自分が欲しかった答えである可能性が高いのです。

強運な人は、この直感をとても大切にしています。直感に従えば、間違うことはないということを体験的にわかっているのです。特に、どちらかに決めなければならないときは、心を鎮《しず》めて自分の内から湧き上がる答えを待つ、という経営者なども多いようです。

以上5つが、強運な人が持っている心構えです。

少しハードルが高いと感じた人もいるかもしれません。しかし、本来あなたは、強運な人になれる力を持って生まれてきています。

生まれたての赤ちゃんに、能力の違いなどありません。スタート地点はみな同じ、そこから育っていく過程で少しずつ差が生まれ、能力に違いが出てきているだけです。

だからこそ、強運な人の考え方を身につけましょう。そのことによって、あなたが備え持ってきた「運の力」を最大限に発揮《はっき》することが可能です。

大丈夫！　自分を信じてください。

信じるところから、すべては始まります。

第2章

強運な人だけが実践している13の習慣

人生を本気で変えたいなら「やる」と決める

第1章では、強運な人だけが知っているものの考え方やとらえ方について詳しく解説してきました。強運な人の思考とはどのようなものなのかが、おわかりいただけたかと思います。そこで第2章では、そうした思考をしっかり踏まえたうえで、強運な人だけが実践している13の習慣についてお伝えしていきます。

強運な人が実践している習慣というと、なんだかすごいことをしているような気がしますが、そんなことはありません。

お金を使って何かを買ったり、時間をかけたりして学ぶ必要はまったくなく、日常のなかで簡単に実践できるものばかりです。この章を読み進めていただくとわかりますが、誰でも、いつからでもできる手軽な習慣ばかりです。

ですから、ぜひここで挙げた13の習慣を、あなた自身の習慣として取り入れてほしいのです。そのためには「やると決めること」、これが大事です。

私たちは、人生を変えたい、強運をつかみたい、そう思って本を読んだり、人から話を聞いたりします。その瞬間は、やる気に満ちていますが、3日経ち、1週間経つと、面倒になって実践しなくなり、その結果、いつものパターンに戻って結局人生を変えられないと嘆いている人が多いのです。

なぜ続かないのかというと、「やる」と決めないからです。第1章でも、強運をつかみたいなら本気の覚悟が大事と言いましたが、「やってみようかな」程度ではダメなのです。「私は絶対にやる。やると決めた。そして強運な人になる」と自分に宣言する、その気持ちがあるかないか、それが強運な人になれるかどうかを決めるのです。

この章で紹介する強運な人だけが実践している13の習慣を、ぜひ「やる」と心に決めてください。そしてあなたの習慣にしてください。

そんな強い想いに、運は必ず宿《やど》るのです。

習慣
1

氏神様を大事にする

まず1つ目の習慣、それは「氏神様を大事にする」ことです。

私たち日本人は、何か願い事があると、神社に行って神様に祈る習慣があります。それは日本人のなかに内在するＤＮＡのようなものかもしれません。私たちは神社に行けば運がよくなる、ということを無意識のうちにわかっているのです。

みなさんのなかにも、ここぞというときに神社にお願いをしにいく方は多いでしょう。「受験に合格しますように」「いい出会いに恵まれますように」「転職が成功しますように」「赤ちゃんが無事に生まれますように」と。

どうしても願いを叶えてほしいというときは、本殿に上がって正式参拝をお願いする人も多いようです。正式参拝では、神職さんが祝詞《のりと》を読み上げますが、その祝詞に込められた言葉の力こそが、私たちに憑《つ》いているあらゆる邪気《じゃき》を取り去ってくれます。そのおかげで、参拝をすると運気が上がっていくのです。

では、どこの神社に参拝すればいいのでしょうか？

それは、地域の神様である氏神様のいらっしゃる神社です。強運な人は、氏神様への参拝を欠かしません。地域に密着している神社の氏神様は、住民たちのことをよく把握《はあく》されておられます。ですから、もっとも効き目が出やすいということを、強運な人は知っているのです。

もちろん、伊勢の神宮や出雲大社など、有名な神社には絶大なパワーがあります。しかし、その前に、自分たちの土台となっている氏神様にお参りをして、地域の神様によく顔を知ってもらうことが重要なのです。

足元を固めるという意味でも、氏神様のいらっしゃる神社にお参りをする習慣をつけましょう。毎日、氏神様のところに顔を見せにいったら、氏神様はとても喜ばれます。毎日は難しいという方は、1週間に1回でもかまいません。

定期的に氏神様のところに通う、その習慣があなたの運気をどんどん高めていきます。

習慣
2

脈拍のリズムに言葉を合わせる

最高のパフォーマンスを発揮できるときは、どんなときか。それは、どんなときも焦らず、動揺せず、自分らしくいられるときです。

それを叶える方法、それが「脈拍発声法」といって、「脈拍のリズムに合わせて声を出す」ことです。この習慣は、ある俳優さんからお聞きしたもので、毎日実践していたら自分本来のリズムを取り戻すことができ、それ以来、仕事がどんどん舞い込んで、強運が味方してくれるようになった、とおっしゃっていました。

どのように行うのかというと、まず、リラックスしているときの自分の脈拍を測ります。そして、その拍動と同じリズムで、「あ・い・う・え・お……」と、五十音を声に出します。ただそれだけです。

この脈拍発声法を行うと、不思議と心が落ち着き、視野が広がってきます。その結果、素晴らしい方との出会いに恵まれたり、自分にとって最善の方法を選び取ったりすることができるのです。

いつでもどこでもすぐできる、驚くほどシンプルかつ簡単な方法ですが、運気を上げるためのとてもパワフルな習慣です。

では、なぜ脈拍のリズムに合わせて声を出すことが、強運体質をつくるのかというと、これまで意識することのなかった自分の体のリズムに目を向けることで、心のバランスがとれ、ものの見方、考え方もポジティブに変わってくるからです。

脈拍とは、心臓が血液を全身に送る際に、動脈に生じる拍のこと。つまり、自分の体を流れる血液のリズムです。普段、血液のリズムを聴くなんてことは、めったにしないでしょう。

けれども、この血液のリズムこそ、自分本来のリズムです。自然のリズムからかけ離れた現代社会で生きる私たちにとって、脈を感じるということは、即効で自分のリズムを取り戻すことができる、素晴らしい方法なのです。

ですので、ぜひ、脈拍発声法を毎日の習慣に取り入れてみましょう。

自分のリズムを1日わずかな時間でも感じるようになると、心のバランスがとれてきて、いいことばかりが起こるようになってきます。

ソワソワして落ち着かないとき、緊張しているとき、落ち込んだときにも、脈拍発声法は有効です。周りに人がいて声を出すことができないときは、手首で脈を測り、その脈を感じるだけでも効果があります。

脈拍のリズムに言葉を合わせる、たったそれだけのことですが、それを習慣にすることこそ、強運な人への近道です。

習慣 3

体の声を聴いて素直に従う

強運な人は、大きな病気やケガをすることなく、健康な体を維持して、やりたいことを実現していきます。なぜ、そうなのかというと、「自分自身の体の声を聴き、素直に従っている」からです。

体の声を聴く。これは、とても重要なポイントです。なぜなら、あなたの命を救ってくれる可能性もあるからです。体の声は直感とつながっているため、私たちを「生かす」方向へと導いてくれているのです。

たとえば、ツアー旅行へ出発する日の朝になって、楽しみにしていたはずの旅行にどうしても行く気がしない。そこで、キャンセルをしたところ、そのツアーバスが事故に巻き込まれてケガ人が出た、といった話が現実にあるのです。それは、体の声を受け取り、それに素直に従ったからこそ、無事でいられたのでしょう。

このように、体は私たちに常に話しかけてくれています。しかし、それを無視して生きているのが現状ではないでしょうか。

「なんとなく体がだるいな」と思いながらも、片づけなければならない仕事が目の前に山のように積まれているとします。そのとき、あなたならどうしますか?

無理をしてでも仕事を続けるでしょうか?

それとも、今日は休んで明日がんばりますか?

体の声を聴くことができないと、体はだるいというサインを出しているにもかかわらず、だるいのは気のせいと考え、無理をして仕事を続けてしまいます。すると、本来の自分のリズムが余計に狂《くる》い、具合が悪くなり、運気を下げてしまうのです。

けれども、そんな状況を呪《のろ》ってはいけません。体は私たちを常に「生かす」ために、痛みや病気を引き起こして、強制的にでも休まなければいけない状況をつくってくれたのですから。反対に、命を救ってくれた体のありがたい計らいに、感謝しなければなりません。

１日数分でも体に意識を向ける

体の声はよく注意をしていないと聴き逃してしまいます。特に、考え事で頭がいっぱいだったり、何か他のことにとらわれて心ここにあらずの状態だったりすると、いくら体が声を発していてもその声はあなたに届きません。

ですから、自分の体に意識を向ける時間が必要です。１日数分でかまいませんから、寝る前に布団に入ってからなどリラックスしたときにでも、いつもと違うように感じている箇所はないか、微妙な体調の変化があるかどうかを感じてみてください。また、先ほどお伝えした「脈拍発声法」を行うのも効果的です。

少しでも自分の体に意識を傾け、「なんとなくいつもと違う」と感じたときは、無理をせず休みをとる勇気も大切です。

どうせ体調が悪いときに仕事をしても、パフォーマンスを上げることはできません。強運な人ほど、仕事がどんなに忙しくても、しっかりバカンスをとって静養する人が多いのは、体の声を大切にしているからなのです。

恐怖を感じたときは〝直感〟の可能性が高い

「体の声を聴くことを意識してください」と言うと、「今日は仕事に行きたくないと感じるのは、体の声からなのか、それとも、ただの怠《なま》け心からなのか、どうすれば判断できますか」という質問をよくいただきます。

このようなときは、自分が「恐怖を感じるかどうか」で判断してみてください。

体の声というのは、先ほども述べたように、私たちを「生かす」方向へと導く直感ですから、休まないと大きな病気になってしまったり、ケガをしてしまったりということも教えてくれます。

つまり、「恐怖心を感じるほど行きたくない」「なんだかいつもと違う特別な気がする」というのであれば、休んだほうが身のためかもしれません。

知人から聞いた話ですが、2001年9月11日、ニューヨークのワールドトレードセンター・ビルに2機の旅客機が激突し、多くの犠牲者を出した痛ましいテロ事件では、その日の朝、なぜかビルにある職場に足が向かなかったり、体調を崩して休んだりした人が多かったそうです。

危険を回避してくれる体の声を聴く習慣を身につけることは、最高に運のある人生を引き寄せることになるのです。

習慣4
マイナス発言はしない

運をよくしたいならネガティブな言葉は使わない、というのは一般的によくいわれていることですが、強運な人はこの「マイナス発言をしない」という教えを徹底的に守っています。それは、マイナス発言をすることで起こる結果を知っているからです。

その昔、古代日本人は、言葉を「言霊《ことだま》」と呼びました。言葉にしたことは、いいことも悪いことも現実になる、ということから、言葉には霊力があると思われていたのです。これはある意味、事実だと思います。

言葉というものは、目に見えないからこそ実体がないように思えるかもしれませんが、実はいい意味でも、悪い意味でも、ものすごく力のあるものです。瞬間的に人を幸せにすることもできますし、反対に、人を傷つけることも簡単です。

たとえば、コーヒーを淹《い》れてくれた相手に「いつもおいしいコーヒーをありがとう」と笑顔で伝えれば、相手を幸せな気持ちにさせ、たった1杯のコーヒーを通して信頼関係を築くこともできるでしょう。

反対に、「もっとおいしく淹れられないの？」と文句を言えば、相手を怒りの感情でいっぱいにさせ、その腹いせに陰口を言われてイヤな気持ちを味わうかもしれません。

つまり、相手に寄り添い、相手を思いやる言葉を発すれば、自分にとってもうれしい出来事が返ってくるし、相手をさげすみ、不平不満ばかり言っていると、自分がそう言いたくなるような出来事が返ってくるということなのです。

物事のいい面、悪い面、どちらに焦点を当てるのか

あなたは、自分がどんな言葉を発しているか、自覚していますか？

不平不満を口にして、愚痴《ぐち》ばかり言っている人は要注意です。陰陽道では、物事には必ず、いい面と悪い面の2つを兼ね備えていると考えますが、マイナ

ス発言ばかりしている人というのは、物事のネガティブな面しか見ない人だからです。

たとえば、休日になると家でダラダラとテレビを見てばかりで、どこにも連れていってくれない夫に、イライラしていたとしましょう。すると、心がとげとげしくなって、「なんでそんなにだらしないの!」「退屈な人ね」などと心ない言葉を吐いてしまいがちです。

しかし、そんな夫であっても、いい面はあるはずです。家族のためにストレスのたまる職場で黙々と働いてくれているのかもしれませんし、あなたの喜ぶ顔が見たくて会社帰りにときどきケーキを買ってきてくれているのかもしれません。ポジティブな面を探す目を持てば、どんな人にでも「感謝」する部分は見つかるのです。

この両局面に気づけず、ネガティブな言葉ばかり吐いていると、いい運を確実に遠ざけてしまいます。「吐く」という文字の「一《マイナス》」をとると、「叶う」という字になるように、マイナス発言をやめると、物事が叶うようになるのです。

言霊の持つ威力

以前、ある女性を鑑定したときに、言霊の力を強く実感しました。その女性は、娘さんの結婚を心配されていました。女性は、離婚してから女手ひとつで娘さんを育ててきましたが、彼女自身、母子家庭で育ち父親の顔さえ覚えていないとのことでした。

相談の内容は「自分は幸せな家庭をつくろうとしたけれど、結局自分の親と同じように離婚して苦労するようになり、娘も不幸にしてしまった。そんな娘の結婚が決まったものの、娘もまた自分と同じように離婚して不幸になるのでは……」というものでした。

そこで、その女性に娘さんの名前と生年月日を書いてもらいました。そのとき、ふと幼い女の子がオレンジ色のワンピースを着て笑っている姿が浮かびました。

その表情があまりにもうれしそうだったので、私は「娘さんはオレンジ色がよく似合いますね」と言いました。彼女はとても驚かれましたが、自分は洋裁が好きで仕事をしながらも夜遅くまで娘さんの服をつくっていたこと、特にオレンジ色のワンピースは娘さんのお気に入りで、当時出かけるときはいつも着ていたという話をしてくれました。

私は「あなたは、娘さんとの生活を不幸と感じていましたか?」と聞くと、「いいえ、私は娘がいてくれたからこそ、ここまで元気でがんばれました。とても幸せでした」と思ったとおりの答えが返ってきました。


娘さんにとって一番問題なことは、お母さんが娘さんとの生活を幸せだったと心のなかでは感じながらも「不幸」とすぐに口に出してしまうことで、よい運気を遠ざけてしまっていることでした。鑑定では娘さんと婚約者の方の相性はよく、結婚も円満にいくと出ていましたが、それを阻止《そし》しようとしているのはお母さんの「不幸」という言葉だったのです。

私はその女性に、ひとつお願い事をしました。「娘さんが結婚式のお色直しで着るドレスを、オレンジ色の生地でお母さんがつくってあげてください」と。そして「つくりながら娘さんとこれまでの楽しかった思い出を話し、『あなたがいてくれてとても幸せだったよ』と伝えてあげてください」と。

女性は私がお願いしたことをすべて実行してくれました。お母さんがドレスをつくるその傍《かたわ》らで、娘さんから先に「お母さんの子どもに生まれて幸せだった」と言われたそうです。

その翌年、オレンジ色のドレスがとてもよく似合う結婚式の写真が届きました。届いた年賀状には「今とても幸せにしています」と書かれていました。

言葉というものは、普段誰もが深く考えることなく日常的に使っているものですが、口にする言葉がどんな言葉かで、相手の、そして自分の人生をよくも悪くも変えてしまうことがあるのです。だからこそ、マイナス発言は避けましょう。強運は温かく、思いやりにあふれた感謝の言葉を伝える人に宿るのです。

習慣5

どんなときも冷静になる

悲しみ、妬《ねた》み、あきらめ、苦しみ、寂しさなど、この世にはさまざまなネガティブな感情が存在しますが、そのなかでももっとも瞬発的に負のエネルギーをまき散らすのは「怒り」の感情です。

つまり、怒りは運を遠ざける、もっとも大きな原因。強運な人はそれを知っているので、「どんなときも、感情的にならず冷静である」ように努めています。

怒りの持つ負のパワーは、一瞬で幸せな気分や穏やかな気分を吹き飛ばし、心を闇で包んでしまいます。その力は強大で、どれだけ徳を積んだ人であっても、怒りをまき散らした瞬間に、今までの努力がなかったことになるほど、急降下で運気を下げてしまうものなのです。

しかし、世の中生きていれば、誰だって怒りが湧き上がることはあります。感情に任せて怒鳴り散らしてしまう人もいれば、ムカムカする感情を自分のなかに押し込めて我慢してしまう人もいるでしょう。

怒鳴り散らしてしまえば、その負のパワーは周りをも巻き込んで、自分だけでなく周りの人の運気まで落としてしまいます。その結果、トラブルに巻き込まれることも多くなってしまうのです。

では、自分のなかに怒りを押し込めておけばいいかというと、そうではありません。怒りを抑えつけると、行き場のなくなった怒りは、心のなかで暴れ出し、気持ちをざわつかせます。結果、態度や表情もつんけんした冷たいものになり、それは相手にも確実に伝わってしまいます。人は、負のパワーを持っている人には近寄りがたくなりますから、どんどん離れていき、あなたの運も下がってしまうのです。

感情と切り離して自分の気持ちを伝える

怒りは人の感情のなかでもとても激しいもので、瞬間的に湧き上がり、放っておけばどんどん増幅していってしまいます。

そんな怒りの感情と無縁でいるには、どうしたらいいのでしょうか。そんなときは、「今、自分は怒っている」と、怒っている自分を感じてあげてください。怒りを抑え込めばいつか爆発しますから、まずはネガティブな感情を認め、感じてあげるのです。そして、2~3回深呼吸をしてみましょう。怒っているときはたいてい呼吸が浅くなっているので、深く息を吸い込むことで、感情を落ち着かせることができます。

そのうえで、自分自身を観察します。「なぜ、こんなに腹が立つのだろう」「自分は相手の何に反応しているのだろう」。冷静になって自分の気持ちを掘り下げていくと、なぜ怒りが湧いてきたのか、その理由がわかってきます。

こうして、怒りを生んでしまった理由を分析すると、感情的な気持ちがスッと引いていきます。それでも自分の気持ちを相手に伝えたいときは、決して感情的にならず、冷静になって自分の伝えたいことを淡々と伝えればいいのです。

どんなときも感情と切り離して自分の気持ちを伝えられる人になるということ

とは、運気を上げるために重要です。多くの場合、感情と自分の気持ちが混ざり合い、自分の気持ちだけを正しく言葉にすることは難しいからです。混同していると、感情的な言葉で相手を傷つけ、負のエネルギーをまき散らすことになります。

だからこそ、自分の気持ちを理解してそれを言葉にできたら、相手はあなたに一目置《いちもく》くようになるでしょう。その結果、良いご縁が舞い込み、運が運ばれてくるのです。

ただ、ときにはどうしても怒りが収まらないこともあります。そんなときは、「冷静な対応をしたほうが、自分が得をする。自分の運気アップにつながる」と思いましょう。自分が得をすると思えば、感情的にならない選択をすることもできるのではないでしょうか。

どんなときも感情的にならない。これは、強運な人になるために必要不可欠なことです。怒りが湧き上がるたびに、意識的に冷静になりましょう。その練習を繰り返すことで、強運の基盤がつくられます。

習慣
6

常に笑顔を絶やさない

強運な人の表情にはある共通点があります。それは「笑顔」。どの人も穏やかで、笑顔が輝いていることがわかります。

笑顔は想像以上のパワーを秘めています。笑顔の人の近くにいると、なんとなく安心した気持ちになる経験を持っている方は多いと思いますが、それは笑顔が持つ、安心、幸せ、リラックスのパワーを感じているからです。

人は、無意識のうちに、安心できる人のところに寄っていきます。そして、自分の心を開き、信頼関係を築きたくなるものなのです。

さらには、笑顔になることで負のパワーを一瞬にして消し去ることができます。先ほどお話しした「怒りのパワー」の真逆です。怒りのパワーは笑顔が大の苦手なので、笑顔の人には近寄れません。笑顔でいるだけで、怒りを寄せつけない、魔除《まよ》けのような効果もあるのです。

「笑う門《かど》には福来《きた》る」という言葉がありますが、まさにそのとおりで、笑っている人のところには、良いご縁が集まるようにできているのです。

ですから、どんなにつらいことがあっても笑顔を絶やさない、これは強運を引き寄せるための必須事項です。


そんな強力なポジティブパワーを持つ「笑顔」ですが、さらに素晴らしいことは、１円もかからず、タダでつくれるということです。気づいたときに、ただ口角を上げて笑うだけでいいのです。

面白いことがなくても、つまらない毎日でも、無理やりにでも笑顔をつくってください。笑顔を投げかければ笑顔になれる出来事が返ってきます。

まさに笑顔は、強運を呼び込む魔法なのです。

習慣
7

頼まれ事を頭ごなしに断らない

人から何か頼まれると、「自分のことを雑用係だと思っているのではないか」「都合よく使われているだけではないか」と思う人もいるかもしれません。

しかし、頼まれ事を面倒に感じ、断っていては運は開けません。なぜなら、そのなかに運を開くための可能性が含まれているからです。

一見、「やりたくないな」「苦手だな」と思うものほど、「好き」なことが隠れている場合があるのです。ですから、強運な人になりたいのなら、「頼まれ事を頭ごなしに断らない」ことが重要です。

たとえば、人前で話す仕事を頼まれたときに、「私には無理」と思ってしまうのは、「あんなふうに人前で話せる人になれたらいいな」という憧れの裏返しかもしれません。憧れてはいるけれど自分にはとうてい無理だと思うから、毛嫌いしてしまうのです。

そのことに気づくことができれば、断るのではなく、とりあえずやってみようと思えます。その結果、人前で話すという仕事に魅力を感じて、そのような仕事に携《たずさ》わることになり、人生を大きくシフトチェンジできることもあるのです。

また、頼まれた仕事が、お茶汲《く》み、トイレ掃除、コピーとりのような雑用であっても、実は、その雑用のなかにこそ学ぶべきことが隠れていたりします。

おもてなしの心、感謝の心、所作《しょさ》を大切にする心……、人生の真理はそうした雑用のなかにあったりするものです。それに気づいて一つひとつを丁寧に扱っていくのか、それとも、文句を言ってやるのか、そのどちらを選ぶかで、運気に大きな差として現れるのです。

頼まれたことは､まず一度受け入れて経験してみる。受け入れたからといって、すべてやらなければならないわけではありません。実践した結果、気が重くて仕方がない、自分らしくなれないというのであれば、断ればいいのです。

入り口は広くして、いろいろなものを受け入れてみましょう。頼まれ事のなかにこそ、強運へと導くエッセンスが隠されているのです。

習慣 8

不要な物は捨てる

まだ使える、いつか使うはず、捨てるにはもったいない、そんな思いからなかなか物を捨てられず困っている人もいますが、強運をつかみたいのなら「不要な物は捨てる」、これは必須です。

ここ数年で、必要のない物を捨て、身の回りだけでなく心もスッキリさせる「断捨離《だんしゃり》」という言葉が一般的になりましたが、それだけ、物質社会のなかで生きる私たちは、家のなかにも心のなかにも不要なものをため込み、複雑な人生を送っているということです。実際、多くの方の鑑定をしていると、大きな悩みを抱えていらっしゃる方ほど、家のなかが片づいていないことがわかります。

家のなかにいろいろな物があると視界が遮《さえぎ》られます。すると、太陽の光も入りづらくなり、不要な物たちが家の運気を吸い取ってしまうのです。

家というのは、そこに住む人にとってのお城です。そのお城がいつも汚かったらどうでしょう。「汚いな」「なんだか落ち着かないな」という気持ちになるのではないでしょうか。そうした心持ちで毎日を過ごせば、当然そこに住む人の運気も下がります。結果、ネガティブ思考になったり、不健康になったりしてしまうのです。

物には賞味期限がある

賞味期限があるのは食べ物だけではありません。本もペンも置物も、洋服やバッグ、すべての物に賞味期限はあります。これらの賞味期限というのは、「もう必要なくなった」と思うときです。必要がなくなった物を手放さないということは、不要な物をいつまでもため込むということです。

今、健康法のひとつとしてデトックスが注目されていますが、それはデトックスを行わないと、肩こり、冷え性、便秘、頭痛、免疫力が低下する、肌に吹き出物ができる、腸の栄養成分の吸収が悪くなるなど、体に悪影響を及ぼすことがわかってきているからです。

家のなかもこれと同じです。不要な物をため込めば心が落ち着かなくなり、家庭内トラブルが増えたり、何に対してもやる気が出ないなど、運気を下げてしまうでしょう。

先日、「夫の浮気グセがなおらないので、なんとかしたい」と相談にこられた女性がいました。その方に家のなかの様子を聞いてみると、部屋中に物があふれているということでした。そこで、まずいらない物を捨てて整理整頓《せいりせいとん》をしてもらったところ、夫の浮気がなくなったというのです。つまり、物が片づいて落ち着く家になったので、外に出ていかなくてもよくなったということです。

目標に向かってがんばりたいと思っている人も、不要な物を捨ててみましょう。部屋のなかが片づいていると心が落ち着くので、目標に集中しやすくなるはずです。また、常に人を呼べるくらい家をキレイにしておくことは、運を呼び込むために欠かせません。なぜなら、運は人が運んでくるからです。突然の訪問客が、あなたに福をもたらす人となるかもしれません。

不要な物を捨てることは、運を高めるために必要不可欠なのです。

習慣
9

清潔感のある身だしなみをする

強運な人たちを見ていると、外見的な共通点があります。それは、どの人も「清潔感のある身だしなみ」であること。高級品を身につけてキレイな格好をしているというわけではなく、襟《えり》のパリッとしたシャツを着ていたり、ヘアスタイルがこざっぱりしていたりと、なんとなく清潔感があって好印象なのです。

そこで、相談にやってくる方を観察してみると、なかなか開運できない方と、すぐに開運していく方には、ある違いがあることに気がつきました。

それは、「眉毛」「爪」「歯並び」「髪の毛」「洋服」「靴」です。

なかなか開運できない方の多くは、眉毛が太すぎたり、細すぎたり、または手入れをせずにぼさぼさだったり、爪が伸び放題だったり、マニキュアがはげていたり、歯並びが悪かったり、歯が欠けていたり、髪の毛に寝グセがついていたり、ツヤがなくてパサついていたり、奇抜《きばつ》すぎる洋服を着ていたり、汚れがついたままの洋服や靴だったり……。目につく場所に、清潔感が感じられないのです。さらに、それに比例するように、内面も整っていません。内面に乱れがあり不平不満でいっぱいだと、ネガティブな感情に気をとられてしまい、外見にまで気が回らないからです。

一方、すぐに開運していく方は、内面が整っているので、外見も整えています。外見を整え清潔感のある身だしなみをするということは、相手に不快な思いをさせないという、マナーであることを知っているからです。

運というものは、結局のところ人が運んでくるものです。「いい職場があるんだけど、話だけでも聞いてみない？」「素敵な人を紹介したいんだけど、会ってみない？」「あなたになら、この仕事を任せてもいいと思って」。

こんなふうにあなたを喜ばせる話の多くは、人と関わるからこそ得られるものなのです。強運をつかみたいなら、一緒にいて心地いいと感じてもらえるような人になりましょう。それが、運気アップの鉄則です。

習慣 10

流行を取り入れる

流行と運気の間には、密接な関係があります。強運な人はそれを知っているので、上手に流行を取り入れています。

流行というと、そのときに流行《はや》っているものを指しますが、実は流行にも運気（バイオリズム）があり、私たちの気分とつながっています。

たとえば、昔流行った洋服が、何十年も経ってどこからともなく流行りだすことがありますが、開放的な気分の年に流行る洋服、心を落ち着かせたい年に流行る洋服、内面への気づきが盛り上がる年に流行る洋服など、流行にもリズムがあります。

その時代その時代の人々の気持ちのリズムから、流行というものがつくられるのです。ということは、流行とまったく関係のない生活をしていると、時代の波に乗りづらくなってしまうということでもあります。
「流行には乗りたくない」と個性を頑《かたく》なに守り通すこともいいとは思いますが、運気のリズムに乗るといった側面から見ると、流行は取り入れたほうが運気アップを促《うなが》すことにつながるのです。

ただ、全面的に流行を取り入れる必要はありません。流行が変わるたびに洋服を買い替え、バッグを購入し、話題のヘアスタイルを真似るなどと振り回されていては、自分という軸を失ってしまい、運気は下がる一方です。

そうではなく、今年の流行を知ったうえで、その一部をファッションや生活に取り入れながら、自分らしさを出していきましょう。たとえば、花柄が流行しているなら、無地の洋服に花柄のスカーフを組み合わせてみる、花柄のベルトをしてみるなど、自分らしい工夫をして取り入れればいいのです。

少し流行を取り入れるだけで、気分が上がることがわかります。そうしたいい気分、幸せな気分が、あなたの運気をより高く引き上げてくれるのです。

習慣
11

意識的に自然に触れる

強運な人が、長期休暇をとって南の島に出かけたり、別荘で休日を過ごしたりするのは、単にお金と時間に余裕があるからという理由だけではありません。意識的に「自然に触れる」ことを実践しているのです。

なぜなら、第1章でもお話ししたように、自然のリズムと同調することが運気を上げることにつながることを知っているからです。

実際に、自然のなかに行くとリフレッシュできると感じる人は多いでしょう。それは地球のリズムを感じることで、乱れていた自分のリズムが修正されていくからです。

特に、スランプに陥っているときほど、積極的に自然に触れることをおすすめします。何をやってもうまくいかない、がんばっているのにかえって裏目に出てしまう、やることなすことが空回りしているように感じてしまう……。そんなときは、自分自身が自然のリズムから遠くかけ離れてしまっているときです。だからこそ、自然のなかに身を置いてリズムを修正することが必要です。

また、電化製品やＩＴ機器などに囲まれて暮らす私たちは、意識的に自然に触れる必要があります。ＩＴ機器が出す波動は、私たちの持つ生命リズムを乱す働きがあるからです。意識的に自然のリズムを取り入れることは、運気を上げるために欠かせません。必要がないときはできるだけＩＴ機器から離れましょう。

少し遠出をすることが可能なら、休日などを利用して、山や海など自然をめいっぱい感じられる場所に行くといいでしょう。自然のなかでゆったりと心を鎮めていると、地球の鼓動《こどう》を感じ、自分と自然が一体化されていくような気持ちになれます。すると、運の波が上向きに修正されていきます。

遠くに行くことができない場合は、近所の公園に行ったり、花に触れたりするだけでも変わります。お庭のある方は、裸足になって土を踏みしめると、自然のリズムを感じやすくなります。

パワースポットは自然のリズムを感じられる場所

自然のなかに出かけるのと同じ効果がある場所、それはパワースポットです。

パワースポットというと、主に神社をイメージされる方が多いと思います。実際、神社はもともと自然エネルギーのいい場所に建てられていることがほとんどです。ですから、神社に足を運ぶということは、自然のリズムを感じることにもつながります。

ただし、先に述べたように、神社参拝の基本は氏神様のいらっしゃる神社です。氏神様を大事にせず、自己中心的な考えで有名どころのパワースポットばかり巡っていると、同じように自分勝手な人に悩まされる出来事が返ってきてしまいます。

あくまでも、感謝の気持ちを持って、心と体を自然のパワーで癒《いや》していただくつもりで参拝しましょう。すると、運が開けてきます。

習慣
12

自分の運気を常に確認する

強運な人は、常に自分の運気を確認しています。運気は目に見えない実体のないものだけにわかりづらいかもしれませんが、今自分の運気のベクトルは上を向いているのか、下を向いているのかを把握することで、自分を立て直すことができます。

強運な人は、いいことが立て続けに起こっているときほど、謙虚になることを忘れません。うれしい出来事が起こったとき、幸せな気分に包まれているときというのは、それをよく思わない人も周りにいることを知っているからです。そんな負のエネルギーに巻かれて、一気に運気が下がってしまわないように、自分を律《りっ》しているのです。

では、運を目で確かめることは本当にできないのでしょうか。

実は、陰陽道では２つの方法があります。

１つ目は、カフェやレストランなどに入ったときに、入口から近いところに通されたか、店の奥に通されたかで見分けるというものです。

席には上座《かみざ》、下座《しもざ》があって、お客さんには上座に座っていただくのが通常です。それと同様に、家や部屋にも上座と下座があります。部屋の入口から近いところは下座で、奥であればあるほど上座になります。下座はいつも人が出入りしているので落ち着かない場所。一方、上座は人の出入りがなく落ち着ける場所ですから、運がいい人は必然的に上座である奥の席に通され、運が下がっている人は入口近くの席に案内されることになります。

２つ目は、デジタル式時計の〝決まった時間〟を見る頻度《ひんど》でわかります。たとえば、たまたま見た時間が、昨日と同じ〝14時35分〟だった、また〝5時55分〟のように同じ数字の並びだったということはありませんか？

実は、こういうときは運気が上がっているときです。時計というものは、もともと自然の持つリズム（地球の自転の速度や、太陽の周りを地球が回る速度など）を人間の生活に合わせて数字にしたものです。つまり、決まった時間を何度も見るということは、自分のリズムと自然のリズムが合っていることを体感しているということです。

今、自分の運気はどうなっているのかを、常に確認しておきましょう。上がっているならその上り調子をキープするための努力を、下がったり停滞したりしているなら上げるための努力を惜しまないことです。

こうして、自分の運気を頭で理解しておくことが、強運を呼び込みます。

習慣
13

運を相手にも分け与える

ツイていると感じるとき、その運を誰にも渡したくないと思うかもしれません。しかし、強運を呼び込みたいなら、「ツイているときほど、その運を相手に分け与える」ことが大切です。相手にも運を積極的に分け与えることで、運の好循環が起こり、さらに自分にいいことが返ってくるからです。

強運な人はそれを知っているので、運が舞い込んできたら、分け与えることを習慣にしています。

私は、運の好循環のことを「開運サイクル」と呼んでいます。開運サイクルにはまると、悪いことが起こってもそれほど落ち込むことなく、いいことばかりが増えてくるようになってきます。

運は起こるべくして起こった結果であると言いましたが、なかでも自分の運を人に分け与えるという行為は、ポイントが高く、その尊《とうと》い行いにはそれに見合ったご褒美が返ってくるのです。

私の知人（仮にAさんとしましょう）の話です。友人（仮にBさんとしましょう）の5歳になる娘さんがピアノを習いたいというのですが、Bさんの家にはピアノを買う余裕がなく、娘さんにピアノを習わせてあげることができませんでした。

それを聞いたAさんは、家にあったピアノを譲《ゆず》ることにしました。ピアノはAさんがときどき弾いていましたが、ピアノを習いたいと希望しているBさんの娘さんに使ってもらったほうが、ピアノにとっても幸せだと思ったからです。

Bさんは Aさんに感謝し、ピアノを譲ってもらいました。それから約20年後、Bさんの娘さんは立派なピアニストになり、世界中で活躍するようになりました。

そんなある日、突然、ピアニストになったBさんの娘さんから手紙が届きました。開けてみると、そこにはパリ行きの航空チケットと、パリで開かれるコンサートの招待状、そしてバースデーカードが入っていました。

手紙を受け取ったその日はAさんの誕生日で、Bさんの娘さんはいつか、Aさんに感謝の気持ちを伝えたいと思っていたのです。Aさんは一生心に残る誕生日になったと、涙を流して喜んでいたのを覚えています。


この話のように、相手が特に必要としているものを与えることで、いつかそれはうれしい出来事となって必ず自分に返ってくるのです。

もし相手が必要としているものがわからないときは、相手がされたらうれしいだろうな、と思うことをしてみましょう。たとえば、お歳暮《せいぼ》やお中元で高級な果物やスイーツ、珍しいお酒などをもらったとき、誰にも分け与えずに独り占めするのではなく、お隣さんに分けたり、いつもお世話になっている方に持っていったりして、運をおすそ分けするのです。

いただいた方はとても喜び、あなたのために何か協力したいと思うでしょう。

相手に分け与えることで自分の量は少なくなりますが、相手とおいしさを共有することで、その一口がよりおいしく感じられるはずです。

「恩送り」で幸せの連鎖《れんさ》をつくる

運をおすそ分けするときは、いただいた相手に直接返さなくてもかまいません。日本には「恩送り」という言葉がありますが、恩送りとは誰かから受けた恩を直接その人に返すのではなく、別の人に送ることです。

たとえば、子育て中、どうしても子どもが熱を出して仕事に行けないときに、職場の先輩が「私が仕事をやっておくから、安心してゆっくり休んでね」と声をかけてくれたとします。そのときいただいたご恩を、自分が部下を持ったときに、同じように子育て中の後輩に返してあげるのです。

こうして運を分け与えて、幸せの連鎖をつくるとき、強運が舞い込んでくるのです。

以上が、強運な人が実践している13の習慣です。ぜひ、紹介した習慣を身につけて、運気アップに役立ててください。

次の章からは、具体的な項目ごとに、強運のつかみ方を見ていきましょう。

第3章

人間関係の運をつかむ

人間関係と運の関係

「とにかく対人運が悪い」。そう感じていませんか？

相談にいらっしゃる方のほとんどが、人間関係で苦しんでいます。なんだか運の悪い人ばかりが寄ってくる。気が合わないし、愚痴の多い人ばかり。そう感じている人がとても多いようです。

いい人との出会いによっていい運が運ばれてくるのなら、いい人と知り合いたい。そう思うのは当然でしょう。

ですが、あなたの周りに今いる人たちは、あなたの「鏡」なのです。あなたと似た考え方の人が集まっています。ただし、その「鏡」には、「陽の鏡」と「陰の鏡」があります。

「陽の鏡」が映し出す人は、いわゆる気の合う人で、一緒にいて楽しい、話が合う人です。人生をともに楽しく過ごす相手として、自分にとって大切な存在です。

一方、「陰の鏡」が映し出す人は、苦手な人、気が合わない人です。価値観が違いすぎて話にならない、話をしても否定ばかりされる、いつも愚痴ばかりで聞いているのがイヤ……。けれども、あなたがイヤだと感じるそういう人も、実はあなたと似た人です。

何が似ているのか？

それは、あなた自身がずっと避けてきたあなたの見たくない部分、見て見ぬふりをしている部分を持っている人ということです。私たちは「陰の鏡」の人と出会うことで、自分が気づかなければならない部分を見せられているのです。

しかし、まさか苦手な人、嫌いな人が自分の陰の部分を映し出してくれている人だとは思いません。もし、自分にもそういうところがあるかもと気づいたとしても、簡単に認めたくないので、見て見ぬふりをしてしまうことがほとんどです。

つまり、人間関係に苦しんでいる人ほど、「陰の鏡」の人たちに、自分が気づかなければならない部分をたくさん見せつけられている、ということです。そこに気づくことが対人運を上げていく大きなポイントとなるのです。

運のいい人たちに囲まれたいのなら、まずはあなた自身が変わることです。自分自身が変わらないのに、周りにいる人たちを変えたいというのは、土台無理な話です。そのことを心の片隅に置いて、この章を読み進めてください。

本章では、人生のなかでもっとも難しい課題でもある、人間関係の「運」をつかむための方法をお教えします。良好な人間関係を築くためのヒントを、ぜひ手に入れてください。

苦手な人にとらわれない

あなたの周りにいる人は、大きく3種類のグループに分けられます。「あなたの味方になってくれる人」「あなたを嫌いな人」「どちらでもない人」。どんなに素晴らしい人でも、周囲には必ずこの3種類のグループが存在しています。

そのことがわかると、人間関係はずいぶんと楽に、楽しい方向に回りはじめます。なぜなら、相手に100パーセント好かれようと思う気持ちがなくなるので、自分の気持ちに正直になれるからです。人は気持ちと行動が一致しているとき、もっとも自分らしくいることができるのです。

反対に、相手によく思われたいという気持ちが働くとき、対人関係でのトラブルに巻き込まれやすくなります。「こんなことを言ったら、相手にイヤな思いをさせるかな?」という気持ちから、つい本心を偽《いつわ》って心にもないことを言ってみたり……。その結果、ボタンの掛け違えが始まって、距離ができてしまったりするのです。

また、相手によく思われたいと考えているときほど、「嫌味ばかり言う人」や「自分を目の敵《かたき》にする人」に目が行きやすくなります。思いどおりにならないものほど気になるようになるからです。挙句《あげく》の果てには、周りは敵ばかりというような錯覚《さっかく》にまで陥ってしまう人もいるでしょう。

けれども、それは事実ではありません。その人数と同じくらい、「あなたの味方になってくれる人」がいるのです。そちらのほうに目を向けてみて、視野を広げることです。冷静になり、広い視野を持ったうえで、なぜ自分を嫌う人がいるのか、自分にも何か原因があるのかを考えることは大切です。それが、気づきとなるからです。

しかし、それにとらわれる必要はありません。とらわれてしまえば視野が狭くなり、あなたに味方する人たちにさえも、そっけない態度をとってしまいかねません。

嫌いな人、合わない人がいてもいいのです。その人たちを好きになろう、その人たちに好かれようとすることにエネルギーを使うのではなく、「あなたの味方になってくれる人」に目を向けてください。

その人たちを大切にしていくことから、運はよくなっていくのです。

相手を変えようとしない

思いどおりにならない相手に、イライラしていませんか？　相手が変わってくれたら自分はもっと笑顔で過ごせるのに、そう思っていませんか？

しかし、相手を変えることはできません。なぜなら、相手は自分ではないからです。変えられるのは自分だけです。

人は誰でも相手からの指摘によって自分を変えたくはありません。あなたも、他者から「そこを変えるべきだと思う」と指摘されたら、反発心を抱くことでしょう。誰もがみな、自分の意志で変わるのです。自分で変えたいと思ったとき、変わらないとまずいと思ったときに、本当に変わることができるものです。

では、相手にどうしても変わってほしいときはどうするか？

答えはひとつ、「自分が変わる」ことです。自分が変わると、それを見た相手の心のなかに「自分も変わってみようかな」という兆《きざ》しが生まれ、相手が自ら変わる原動力となるからです。

たとえば、休日くらいご主人に子どもの面倒を見てほしいという不満を抱いているなら、その考え方をやめて、「休日は子どもと思いっ切り遊ぼう」と変えてみてください。ご主人にそうしてほしいと思ったことを自分がやるのです。仕事のことも家のことも忘れて、ただただ子どもの気持ちに寄り添って遊ぶ、そんな想いで子どもと接したとき、あなたは心から笑顔になっていることでしょう。その様子を見たご主人は、「楽しそうだな。自分も子どもと遊んでみようかな」と思うようになるはずです。

すぐ怒る性格の相手を変えたいと思っているなら、あなた自身がやさしくなり、怒らない人になることです。いつも穏やかで周りからも信頼の厚いあなたであれば、怒ってばかりいる相手も、あなたのような人になりたいと思い、自分の改善すべき点に目を向けて、穏やかに変わっていくはずです。

あなたが変われば、取り囲むすべてが変わります。これが真実です。

周りに流されて愚痴を言わない

仲間が数人集まっておしゃべりを始めると、どうしても愚痴や悪口になりがちです。愚痴や悪口は、コミュニケーションをとるための道具という側面もあるようです。しかし、その場では一時の盛り上がりをみせるかもしれませんが、後味は悪いもの。

何度も言いますが、愚痴や悪口、不平不満ばかり言っている人の集まりには、運を下げてしまう負の作用が渦《うず》巻いています。そんななかにいると、あなた自身も知らず知らずのうちに負の気を受けてしまいます。運をつかんでいる人は例外なく、愚痴や悪口を言いません。

また、愚痴や悪口を言う人は、何でも相手のせいにすることで、自分の未熟な部分を見ることを放棄《ほうき》しています。先ほど、あなたの周りの人は、「陽の鏡」

の人か「陰の鏡」の人に分かれると言いましたが、愚痴や悪口を言う人たちが多いと感じるようだったら要注意です。その人たちは、「陰の鏡」の人、つまり、あなた自身のなかに見て見ぬふりをしている部分、目を背けている部分があるということです。そのことに気づき、自分の見えていなかった未熟な部分を受け入れなければなりません。

ただし、その輪から抜け出るために、「私はそうは思わないけれど」などと異なる意見を言うのは、非常に危険です。人の悪口というものは、輪になれば「怨念《おんねん》」に結びつくほど強いものなので、反対に、あなた自身が悪口を言われる立場になり、あっという間に負のパワーに巻き込まれてしまうからです。

では、どうやってこの輪から抜け出ればいいでしょうか？

それは、自然と抜けることです。たとえばタイミングを見計らって、お手洗いに立ったり、「急ぎの用事があるから」と言ってその場を去ったりなど、自然と輪から抜け出るようにしましょう。そして、次からはなるべくその輪に加わらないようにします。

しかし、だからといって、彼らに冷たい態度をとってはいけません。別の場所に行って、「あの人たちは愚痴が多くて本当にイヤだ」と言えば、今度はあなた自身が愚痴を言っていることになってしまいます。

輪には加わらないけれど、笑顔で挨拶《あいさつ》をしたり、いただき物を分けたりして、ポジティブに関わるようにするのです。すると、愚痴や悪口ばかり言っていた人たちも、あなたといるとなんとなく清々《すがすが》しい気持ちを感じるようになり、自然と愚痴や悪口が少なくなっていきます。

ただ、言わないと決めていても、ついポロリと愚痴や悪口が口をついて出ることもあるでしょう。そのときは、最後に「その洋服かわいいね」「今日はありがとう」などプラスの言葉で締めくくりましょう。すると、その場のエネルギーが和《やわ》らいで、相手にふんわり温かい印象を残すことができます。

繰り返しますが、私たちは相手を変えることはできません。イヤだな、苦手だなと思ったら、究極のところ自分を変えていくことしかできないのです。

周りの人たちに生き方のお手本を見せましょう。そうすることで、自然といい気が巡り、運の集まる場となるのです。

してくれた行為に対して「ありがとう」を伝える

「運」をつかむためには「感謝をすることが大事」という話を第1章でしました。どんなに理不尽な状況であっても、とても感謝できるような状況でなくても、「感謝」が大事なのです。

覚えておいてほしいのは、「感謝をする」ということは、相手のためではないということ。自分のためです。自分の得になるから「ありがとう」なのです。

「それでも『ありがとう』が言えない相手がいます」とおっしゃる相談者もいます。それは、「相手」に言おうとするから言えないのです。そういうときは、してくれた「行為」に対して「ありがとう」を言いましょう。

たとえば、夫婦喧嘩《げんか》をしてしばらく口をきいていない冷戦中に、夫が茶碗を洗ってくれた。でも、こちらからはやさしくしたくないという意地がある。そんなときは「(茶碗を洗ってくれて)ありがとう」と言えばいいのです。「茶碗を洗ってくれて」の部分は、口に出しません。心のなかでつぶやきます。

こうして、何に対して感謝を伝えるかを明確にしていくと、苦手な人にも素直に「ありがとう」と言えるようになってきます。「行為に対して感謝を伝える」と割り切れば、腹も立ちません。

このように考えると、幾分《いくぶん》楽になるのではないでしょうか?

「ありがとう」と言っていると、「ありがとう」と言いたくなることが自分に返ってきます。自分がしたことがそのまま返ってくる、すべては「鏡」だからです。そうなったら、言いにくかった「相手」にも、素直に「ありがとう」が言えるのではないでしょうか。

ありのままの自分をさらけ出して生きる

自分らしく生きる。それは「やりたいことをわがまま放題やる」ということとは違います。「分別《ふんべつ》を持って、自分の行いに責任を持って、自分がやりたいこと、自分が幸せだと感じられることをする」という解釈なのですが、それができれば放っておいても運は寄ってきます。

ですが、なかなか自分らしく生きることができない人は多いのではないでしょうか。

先日、60代の独身女性から次のような相談を受けました。「私、若い頃はみんなから美人だと言われていたんです。でも、最近頬がこけちゃって、シワもひどくなり、もう誰にも会いたくありません」とのこと。
「なんでそう思われるのですか?」と聞くと、「周りの友だちは、病院長夫人や弁護士の奥さま、パイロットの奥さまばかりで、みなさん聡明《そうめい》で、美しい方たちばかり。そんな方たちとしわくちゃの私じゃ、釣り合わないと感じるんです。だいたい、恥ずかしいじゃないですか」とおっしゃいました。

さらに話を伺うと、その女性のお住まいは横浜の高級住宅街。以前は、郊外に住んでいたそうですが、友だちの多くが横浜の高級住宅街に住んでいたので、借金をして自分も横浜の高級住宅街のマンションに引っ越したのだそうです。

このように周りに自分を合わせなければと思っている人は、周囲の目を気にしすぎるあまり、自分で自分をギューギューに縛ってしまっています。「自分は○○でなければ、周囲から嫌われてしまう」という思い込みによって、自分で自分にプレッシャーをかけつづけ、自分らしく生きることができずにいるのです。

常に背伸びをして生きているので、地位の高い人やお金持ちの人、有名人と仲良くなったり、見た目が美しくあること、ブランド品を持ったりすることに躍起《やっき》になります。そうすることでしか、自分の価値は上がらないと思っているからです。根底には、それらを失ってしまえば自分は「無価値」になってしまう、という底知れぬ恐怖があるのでしょう。

しかし、ありのままに生きられない生き方は、自分を苦しくさせ、運を手放してしまうだけです。私たちは生きている限り、いつもいい面だけを見せているわけにはいきません。年をとればシワは増えますし、病気になれば弱々しい姿を人に見せて看病してもらわなければなりません。稼ぎが少なくなれば節約生活も必要となるでしょう。

そんな状態に陥ったときに、弱みを誰にも見せることができず、隠し通そうとすれば、孤独のまま人生を終えることになってしまいます。

人生は山あり谷ありなのですから、自分のいい面も悪い面もすべてさらけ出したうえで、それを受け止めてくれるような人たちとお付き合いをする。そんな人たちとのご縁こそ、純粋なエネルギーを生み、いいものを引き寄せてくれる源《みなもと》となるのです。

自分を繕《つくろ》わない気持ちよさを知る

今まで自分の弱みを見せてこなかった人にとって、いきなり自分をすべてさらけ出すことはハードルが高いことだと思います。

そんなときは、旅先やパーティなどで自分のことを知らない人たちと出会って、自分を繕わずに接してみましょう。すると、ありのままの自分で接することが、どれほど楽で気持ちいいことかを自覚できるようになってきます。

繕わないことがどういうことなのかが感覚的にわかったら、それを周りの友だちにも少しずつ試してみましょう。たとえば、いつもホテルのレストランなど高級な場所でしか食事をしない友だちに、安いけれどおいしいレストランに行こうと誘ってみます。その結果、あなたのもとを去っていくようなら、それは本当の友だちではありません。表面的な友だちだったのです。

本当の自分を出せるようになると、背伸びをしなくてもいい人たちが集まってきて、楽に生きることができるようになるでしょう。ありのままの自分で、自分らしく生きましょう。それが運の引き寄せにつながります。

自分という存在を掘り下げて知る

「自分らしく生きたほうがいい」と言われても、「人見知りで、なかなか新しい環境になじめません」「自分から積極的に声をかけることができず、友だちができません」「人前で話すことが苦手なので、会議の時間が苦痛です」と、内気さが邪魔をしてそう簡単にはできない、とおっしゃる方もいます。

このような相談をされる方は、「だから自分はダメなんだ」と内気な自分を卑《ひ》下《げ》していることが多いのですが、そんなときは、「内気な自分」もそのまま受け入れればいいのです。「内気」なことはマイナスだと誰が決めたのでしょう。

誰も言っていないのだとしたら、「内気な自分ではいけない」と自分で自分を決めつけているだけです。

人は誰もが個性的な存在です。１００人いれば１００人とも違う性格、違う考え方、違う判断をします。あなたもそのなかの１人であって、誰がよくて誰が悪いということはありません。あなたという人は、唯一無二《ゆいいつむに》の存在なのですから、ありのままの自分に自信を持ちましょう。

自分を認めてあげると、他人の評価が気にならなくなります。何と言われようと、自分は自分でありつづけることができるようになるのです。

自分の詳細な取り扱い説明書を持つ

では、自信をつけるためにはどうすればいいでしょうか？

それは、あなた自身を掘り下げて分析することです。自分は何が好きか？　自分はどんなことをしているときに心地よく感じるのか？　自分が満たされているなと思うのはどんなときなのか？　反対に、自分がイヤなものは何か？　なぜそれがイヤなのか？　など自分という存在を洗い出していくのです。

こうして、自分の詳細な取り扱い説明書なるものができると、自分とは何者かがわかるようになるので、周りの意見に影響されなくなります。他人がとやかく言っても、「私はそういう生き方が好きだから」と笑顔で返せるようになります。

また、自分を深く掘り下げて自分を知るという作業をすると、他の誰もが自分と同じくらい深い部分を持っていることもわかるようになるので、相手を尊重し認められるようになってきます。どんな相手であっても、個性ある存在として、認めることができるようになるのです。

自分に自信を持って、この人生を歩みましょう。自信を持つということは、あなたも周りもポジティブなエネルギーで満たすことにつながります。その生き方が、素晴らしい出会い、素晴らしい出来事を引き寄せていきます。

コンプレックスを感じる自分を丸ごと認める

学歴、出自、顔、身長、スタイル……。人は、さまざまなものにコンプレックスを持っています。なぜ人はコンプレックスを持つのかといえば、「比べてしまう」性質を持っているからです。比べるとは、「目標がなく、ただ他人と比べて生きていること」です。確固《かっこ》たる自分、自分への自信がないので、他人と自分を比べて自分の価値をはかろうとしてしまうのです。

そのため、自分にないものを人が持っていると、「あの人は美人だから、恋愛に苦労しなくていいな」「学歴があれば出世できたのに……」などと人を羨む気持ちがふくれ上がり、嫉妬心《しっとしん》が生まれてきてしまうのです。

嫉妬にとらわれているときの心は、とても貧しい状態です。「どうせ自分なんか」「私ってダメだな」と自己否定をしているので、自分のことがどんどん嫌いになってしまいます。
こうして、自分を貶《おとし》めると同時に羨む相手への嫉妬心がふくらむと、人間関係は悪化し、どんどん負のエネルギーをためて、運気は下がっていく一方です。

コンプレックスを持たないようにするためには、自分を信頼してあげることです。自分を信頼するということは、自分をいじめない、自分にやさしくすることです。

私たちは大人になるにつれ、怒りや悲しみなどネガティブな感情が湧いたとき、無意識のうちにそれらの感情を心の奥底に閉じ込めがちです。「大人なんだから、これくらい我慢しなきゃ」「泣いちゃいけない」と考え、イヤな気持ちを封印してしまうのです。しかし、これは本音を言わずに外見を無理やり繕っている状態と同じこと。つまり自分をいじめているのです。いじめられたら、素直になれなくて当然です。
コンプレックスを抱いてしまったときは、「羨ましいな。なんで自分は違うんだろう」と感じている自分を丸ごと正直に認めてあげましょう。

「私は人を羨ましいと感じているんだな」とそのままの感情を受け入れると、共感してもらえた心は我慢する必要がなくなるので、自分自身を信頼できるようになっていくのです。

運を上げる人と下げる人の見分け方

人が運を運んでくるとお話ししましたが、その見極め方を聞かれることがあります。よい運を運んできてくれる友だちと、運を下げる友だちとの違いは何か。

結論から言うと、明らかな悪意などがない限り、明確な差はありません。なぜなら、人は「一面性」ではなく「多面性」を持つ存在であり、移ろいやすいものだからです。

ある部分だけを切り取って見て、「だから悪い人」と決めつけることはできませんし、仮に「よくない感じがする」と思っても、人はさまざまな要因によって人間性も変わっていったりするものです。

自分のことを振り返ってみてください。ある一面だけを見て、そこで人間性を判断・評価してほしくないと思いますし、いい面もあれば、悪い面もあると思いませんか？

それは、自分だけではなく、周りの人も同様なのです。

ですから、運を上げたいあなたがすべきことはただひとつ。「目の前に現れた人を大切にすること」。それだけです。

たくさんの友だちがいたほうが楽しいし、幸せだし、安心すると思っている人もいますが、ブログやフェイスブックなどのＳＮＳでどんなに友だちの数を増やしても、孤独感しか生まれないこともあるでしょう。それは当然のことです。

先ほども言いましたが、相手は「鏡」なのですから、ＳＮＳで友だちの数を増やすことに躍起になっているとしたら、互いに「数だけ増やせばいい」という程度の付き合いだということです。心に寄り添っているわけではない、だから孤独感が生まれるのです。そうしたネガティブな感情は、あなたの運気をどんどん下げていってしまいます。

友だちを選《え》り好みするのではなく、どこか遠いところに気の合う友だちがいるのではないかと思うのでもなく、ただ、目の前に現れてくれた人を大切にする。

その人の多面性を理解し、本当の意味で心から寄り添えるようなご縁を育む努力をすることで、互いに運を上げていくようなお付き合いができるようになるのです。

ワンランク上のご縁をつくる方法

起業をしたいのでお金持ちの人脈を広げたい、有名人と知り合って友だちになりたい……、こんなふうに、出会いを求めてセレブな人たちが集まるパーティに出かける人もいます。しかし、裕福な人や有名人と出会えたからといって、それが必ずしも「良いご縁」につながるものではありません。

人の縁とは、手当たり次第につながっていくものではなく、自然と引き寄せ合うものだからです。たとえば、世の中に貢献《こうけん》している起業家たちと出会いたいと思うのなら、まずは自分がその場にふさわしい精神レベルになるよう、自分を磨《みが》くことです。その方法でしか、レベルの高い人たちとは出会えません。

もし、「お金持ちの人と知り合って、儲《もう》けたい」「有名人と知り合えたら、みんなに自慢できる」と、自分の欲や利益だけを目的に相手に近づくと、そこには良いご縁は生まれません。

自分勝手な欲望を持って相手に近づけば、相手もあなたを同じ目的で見るので、反対に利用されてしまったり、だまされてしまったりすることもあるのです。

これでは、お互いに運を下げることになってしまいます。

自分を高めてくれる、ともに成長してワンランク上のステージへ引き上げてくれるといった素晴らしいご縁をつくりたいなら、まずは自分の目標に向かってしっかり努力、実践することです。

そのうえで知り合った人がいたならば、その人のために自分は何を与えられるかを考えましょう。「もらう」ことばかり考えているうちは、いい運は向いてきませんが、「与える」ことを考えられるようになって初めて、運が上がってくるのです。

運が悪いことを「母親」のせいにしない

運と人間関係の話をするときに、切っても切り離せないのが親子の話です。

特に、母子の関係は見逃せません。

あなたは子どもの頃に、母親に十分愛されたと感じていますか？

意外かもしれませんが、このことが運と大きく関わってくるのです。なぜなら、子どもはひとりとして例外なく、母親のことが大好きだからです。なぜ父親ではなく母親かというと、子どもは母親を選んで生まれてくるからです。

胎内記憶《たいないきおく》といって、生まれる前の記憶を話してくれる子どもたちがいますが、その話によると「お空からお母さんを選んできた」というように「お母さん」の話をする子どもが圧倒的に多いのです。

私自身も生まれる前の記憶があり、母が妊娠していないときに、今の家族のやりとりをそばで見ていた記憶がいくつか残っています。はっきりと母を選んだという記憶はないのですが、私の意識はいつも母に向いていたように思います。

子どもにとって神様のような絶対的な存在の母、その母親から十分に愛され認められたという経験があると、子どもは母の愛情、母との強い絆《きずな》という安定感のある根を張り、そこを土台にして、どんどん外の世界へ冒険しにいくたくましい力をつけていくのです。

ですから、母親に十分愛されたと感じている人ほど、良好な人間関係を築きやすく、自分を信頼して生きていけるので、運もどんどん引き寄せていくのです。

愛されずに育った人はひとりもいない

しかし、今の時代、母親自身も仕事で忙しかったり、子育てのことで悩んだり、夫婦仲に問題を抱えていたりなどで、100パーセント子どもに向き合える状態でいられる人ばかりではないでしょう。

鑑定にいらっしゃる方々を見ていると、愛情や信頼の絆という感覚を受け取ることができなかった人は、大人になってからも人間関係のトラブルで悩みがちです。

けれども、「今の自分がうまくいかないのは、母親のせいだ」と責めるのは間違っています。母親もそのときできることを一生懸命やってきたのです。子どもに幸せになってもらいたい、いつの時代も、その気持ちには変わりはありません。

さらに言うと、愛されずにここまで育った人など誰ひとりいないのです。おむつを替えてもらい、おっぱいを飲ませてもらい、ご飯を食べさせてもらい、温かい布団で寝かせてもらい、学校に通わせてもらい……。たとえ、それが母親でなくても、誰かしらにたくさんの愛情を与えられて生きてきたことを忘れてはいけません。

そして、もうひとつ、母親のせいにしてはいけない理由があります。それは、母親自身、自分のやってきたことが子どもの心にこれほどまでに影響するということに、気づいていなかったからです。

人は気づいていなければ、それを改善することはできません。それは、あなた自身であっても同じです。いつまでも母親のせいにしていては、母親が変わらない限りあなたも変われない、そんな相手次第の人生を送ることになってしまいます。

もし、本当に母親から十分に愛情をもらえなかったとしても、あなた自身が自分を愛すればいいのです。自分を好きになって、自分を尊重し、自分を大切に感じることができれば、母親からの愛情や承認は関係ありません。

「自分は愛されていたのだろうか？」、そんな思いにとらわれているとしたら、今すぐ消し去りましょう。

先ほども言いましたが、自分が変われば相手も変わるのです。誰のせいにもしない、自分が変えていく、その気持ちが運をつかむためには大切です。

家相を知れば、理想の家族になれる

母親との関係は、運を語るときに切っても切り離せないと言いましたが、実は、家族の絆の強さも運に関係します。実際、強運に恵まれている家族は、団結力が強いものです。

では、家庭でどのような過ごし方をすると強運に恵まれるのかというと、どんなにたくさんの部屋がある広い家であっても、リビングルームのような一箇所の部屋に家族全員がいる時間がいかに長いか、がカギとなります。

みんなが自然に集まってくるというのは、そこが「居心地がいい場所」だからです。居心地のいい場所は、当然、いい気の集まる場所。居心地がよくなければ、みなそれぞれに自分の部屋にこもったり、外出先から寄り道ばかりしてなかなか帰ってこなかったりするはずです。

そこで、そんな強運に恵まれる家族になるために、ぜひ試していただきたい方法が2つあります。

1つ目は、部屋を入って突き当たりの場所に、家族に関連するものを置いてください。入口から入った突き当たりの場所というのは、家相からいうと「興味が湧く場所」です。ですから、そこに家族の写真や家族旅行で買ったお土産などを置いてみましょう。すると、「また、写真を撮りにいきたい」「今年の夏は、みんなで旅行をしたい」という気持ちに自然となり、家族がまとまりはじめます。

2つ目は、食卓やソファなどに座るときに、家族の定位置をつくらないことです。どんな家や部屋でもすべてに上座、下座がありますが、上座は運が上がる場所、下座は運が下がる場所と決まっています。つまり、いつも同じ人が上座に座っていると、家族のなかでその人が仕切るようになってきてしまいます。

仕切るということは、悪く出ると、発言力が強くなったり、ひどいときには家庭内暴力などにも発展しかねません。ですから、誰もが平等に上座、下座に座れるようにローテーションすることが大事です。

また、いい人間関係が築きやすい位置は、真正面に座っている人よりも、対角線上にいる人です。たとえば、真正面に向かい合って座ると、威圧感《いあつかん》を感じて話が続かなくなりますが、少しイスを斜めにして座ったり、体を横に傾けたりすると、自然と会話が弾むようになったりした経験はありませんか。

それと同じで、よく観察をすると、食卓で真正面に座っている人よりも、横や斜め前に座っている人とのほうが、長く会話をしているはずです。定位置が決まっていると、いつも同じ人としか会話をしなくなりますから、ローテーションすることで、みんなと会話が弾むようになってくるのです。

このように、家のなかでの運を整えることは、仕事や学校など、外での運を上げるためにも欠かせません。家のなかで運の基盤ができてくると、外でも落ち着いて行動できるようになるので、人間関係も良好になり、運がアップしてくるのです。

下座の押し出す力を利用して、物を整理する

家族仲が悪い、家族の誰かが交代に病気やケガに見舞われるなどの不運が続

くといった場合は、家のなかに不要な物があふれている可能性があります。第2章でも述べたとおり、不要な物が多いと、家の運気を吸い取ってしまうのです。

ですから、まずはいらない物を捨てる。もうこれ以上、物が捨てられないという場合は、部屋の下座のほうに物を置いて、家族は上座で過ごせるように模様替えをしましょう。落ち着く場所である上座に物があると、物が落ち着いてしまって、家がどんどん物に占領《せんりょう》されていってしまいます。すると、居心地の悪い家になり、家族が落ち着かなくなるのです。

それを避けるためにも、上座は家族が過ごせる場所にしてください。すると、下座に置かれた物は落ち着かなくなり、結果、不要な物はどんどん出ていって、物が少なく過ごせるようになります。

ただし、どうしても重要な物、捨てたくない物、出ていってほしくない物、たとえば通帳やクレジットカードといった物は、落ち着く上座に置きましょう。

こうして上座と下座の力を利用することで、家族が安定し、豊かなエネルギーが回りはじめて、運が向いてくるのです。

第4章

恋愛・結婚の運をつかむ

恋愛・結婚と運の関係

「恋愛」や「結婚」こそ、「運命」の出会いを期待し、見えない力（赤い糸）によって導かれる、そんなイメージを持ちがちです。

たしかに、お互いがお互いのことを好きだと思うのは奇跡ですし、そこから結婚に至るというのは、さらに奇跡でしょう。ですが、何度も言いますが、人生には台本があるのです。誰と出会い、誰と恋愛をし、誰と結婚をするか、あなたは自分で決めてきているのです。

そうとわかれば、そんなに出会いを求めて奔走《ほんそう》する必要はなくなりますし、そのエネルギーを自分を磨くために使うことで、ワンランクアップした自分に見合う人が現れてくれるものです。

第3章でもお伝えしましたが、自分の周りにいる人は「鏡」です。だとすれば、自分を磨けば、周りにいる人も必然的に磨かれた人の集まりになる。そういったところで出会う人がいれば、その人こそ運命の人かもしれません。

ですから、「恋愛」や「結婚」に過度に振り回される必要はまったくないのです。けれども、ときに、親や親戚を含む周囲の声につい心が乱されて、運命の相手を探さなければと焦ってしまうこともあるかもしれません。

そこで、本章では、どうすれば恋愛・結婚で強運をつかみ、幸せをものにできるのか、その方法をお伝えしていきます。

運命のパートナーとともに、人生を豊かで楽しいものにしていきましょう。

ダメ男も自分に内在する鏡

金銭的にも精神的にもルーズ、ひどい暴言を吐く、定職に就《つ》かない……、こんな「ダメ男」といわれる男性とばかり付き合っている女性からは、不幸な気を感じます。このような気を持っている女性は、ダメ男と一緒にいることで、負の連鎖が起こってしまっているのです。ですから、ここから早く抜け出さなければなりません。

鑑定するまでもなく、「ダメ男」とばかり縁がある、と自覚のある人もいると思います。いつもダメ男ばかりと付き合う女性は、たまたま知り合う男性がよくないと思いがちですが、そうではありません。

実はこの女性がダメ男ばかりを引き寄せているのです。どういうことかというと、「ダメ男と出会う」ことを、自分の人生の台本に書いてきているのです。

なぜ、そのような台本を自分で書いたのかといえば、恋人や結婚相手というもっとも身近な人を通して、自分の見て見ぬふりをしている部分、目を背けている部分に気づくためです。人は、身近な人からの忠告ほど、素直に受け取ることが難しいものです。「そんなことわかっている」「なんで、あなたに言われなきゃならないの?」と、つい腹立たしさを感じてしまいがちです。

けれども、あなたはそうなる状況を望んで、その人を選んだのです。

第3章で、あなたの周りにいる人はみな、あなたの「鏡」であり、気の合う人を映し出す「陽の鏡」の人なのか、苦手な人である「陰の鏡」の人なのか、どちらかに分かれると述べました。つまり、あなたは、わざわざ「陰の鏡」であるダメ男を選び、トラブルを起こすような人間関係をつくることで、早く自分の気づいていない部分に気づこうとしているのです。

たとえば、ダメ男と付き合う女性は、その真逆である「しっかり者」が多かったりします。それは偶然ではありません。しっかり者といわれる人ほど、潜在意識のなかで「ダラダラと1日を過ごしてみたい」という気持ちを持っていたりするのですが、それに気づかないのです。だから、「陰の鏡」であるだらしのないパートナーを引き寄せてしまいます。

そう言うと、「自分はダラダラしたいなんて思っていない！」と反論されるかもしれません。しかし、それは、これまで親や周りの人たちから「しっかり者」と言われつづけてきたため、「自分はしっかり者である」という思い込みで縛られている可能性があります。

どんな相手も自分の「鏡」。だから、一度、自分の本当の気持ちに気づく必要があるのです。すると、「私が〝しっかり者〟と周りから言われると母が喜んでくれたから、母を喜ばせたくてその役割を演じていたんだ」「本当の私は、もっと自由に生きたいんだ」など、隠れた自分が顔を出してきます。

陰の部分を見て自分の気持ちに気づくようになり、自分を大事にしはじめると、ダメ男だった彼も変わってきます。あなたが自分をリラックスさせて自分らしく生きていると、それを見た彼も、「今のままではいけない。もっと自分らしく生きよう」と思い、本来のやる気を取り戻すようになるのです。

こんなふうに、あなたが変わると相手も変わる、それが真実です。

ダメ男は理想の男へと変わる！

では、ダメ男を理想の男にすることはできるのでしょうか？

答えは、「YES」です。前に述べたように、まずはあなたが変わることです。それによって彼もあなたの望む理想の方向に変わっていきます。

また、「人間には多面性がある」と言いましたが、どんな人にもいい部分と、悪い部分というのはあるものです。あなたのそばにいるダメ男は、あなたが悪い部分にしかフォーカスしていないからダメ男になっているだけです。彼にも魅力的な部分はたくさんあるはずです。そこにもう一度、焦点を当てましょう。彼のやさしさや思いやりなど、たくさんのいい部分に気づけます。

このような努力をしていくと、ダメ男だった彼が本当に理想の彼に変わっていきます。なぜなら、もともと「陰の鏡」である相手は、自分と似た者同士、つまり共通項をたくさん持った人だからです。

彼のいい面が見えはじめると、まるでドミノ倒しのように、ダメ男から理想の男へと変わりはじめるという奇跡のような出来事が起こりだします。

よく、離婚寸前だった夫婦がある出来事をきっかけに絆を深めるようになり、今ではおしどり夫婦になったなどという話を聞きますが、それは、ふたりの間に大きな気づきがあったからなのでしょう。

付き合う人はみなダメ男ばかりと嘆くのではなく、あなたがこの関係をいいものにしたい、と本気で思う気持ちが大切です。そんな想いで彼との愛情を深めていけば、誰もが羨むようなパートナーになれる可能性もあるのです。

ただし、注意が必要な男性もいます。お酒や女性、ギャンブルにおぼれすぎている人、日常的に当たり前のように暴力を振るう人は、どんなご縁があったとしてもなかなかうまくいきません。ある程度のところで見切りをつける勇気を持ちましょう。

出会いに恵まれない負のスパイラルから抜け出す方法

元彼がダメ男だった場合、「次こそ素敵な男性と出会いたい！」と思うのは当然のこと。負のスパイラルから抜け出して、幸せをぜひ、つかみにいってください。

そこで、次に出会った男性がダメ男かどうかを見極める方法があります。まず、彼の顔に注目してください。自分が好きになる男性の顔は似ているからです。

以前、鑑定で「今までダメ男とばかり付き合ってきた」という女性から、過去に付き合った男性の写真を見せていただいたのですが、どの人もつり上がった一重の目をしていて、驚くほど顔が似ていました。ですから、ダメ男ばかり捕まえてしまうと自覚したら、次は似たような顔の人を選ばないことです。

そして、出会う男性のタイプを変えたいと思ったら、あなた自身のファッションを変えてみてください。たとえば、いつもフェミニンな格好をしている方なら、ボーイッシュ系の服装にしてみるといった感じです。いつも同じパターンの服装をしていると、出会う男性のタイプは似てしまいますが、違うファッションにすることで、これまでとは違ったタイプの男性と知り合うことができます。

もうひとつ大事なことがあります。それは新しい彼を探すときは、元彼を完全に断ち切ってから見つけるということです。過去の思い出を笑って話せるようになっていれば大丈夫ですが、まだ重い言葉でシリアスに話すような状況では、元彼を断ち切っているとはいえません。

完全に断ち切れない間は、どうしても寂しさが募《つの》りますから、間を置かずに新しい彼をつくってしまいがちです。ですが、元彼に未練があるまま別の人と付き合うと、過去が清算できていないので、無意識のうちに同じような人を捕まえ、再び同じような状況のなかで、過去の清算をしようとしてしまうのです。

彼と別れたあとは、元彼との思い出をまず十分に癒すことです。焦らなくても大丈夫です。あなたの台本には、運命の人の名前がちゃんと書かれているのですから。

会うべき人には、わざわざ出会いの場に出かけていかなくても、しかるべきときに出会うようになっているのです。

気の流れが変わると新たな出会いが呼び込める

「周りにいい人がいません」「このまま何の出会いもないまま一生を終えるのかと思うと不安でたまりません」。このように、「出会いがない」という相談は、ナンバー3に入るほど多いものです。

基本的には「焦らなくても大丈夫」とお伝えしているのですが、そうは言っても気持ちがはやるばかりというのが現実。そこで、新たな出会いが舞い込む方法をお教えしましょう。

それは、いつもの行動を変えてみることです。行動を変えれば、単純にいつも出会う人とは異なる人に出会いやすくなるという意味合いもありますが、気の流れが変わるので、新たな出会いに発展することがあります。

たとえば、休日は映画を観たり、ショッピングをしたりするのがいつもの過ごし方という人は、ランニングをしたり、友だちとゴルフの打ちっぱなしに出かけたり、お気に入りのカフェを探して読みかけの本を読んだりしてみます。

すると、いつもと違う刺激を感じるので、その刺激によって、滞《とどこお》っていた気が巡り出し、気分も上がってきます。そのようなときは、運気も上向きになっているとき。気分も開放的になっているので、行動範囲が広がり、そこで出会った初対面の相手とも親しくなれて、新しい出会いにつながることも多いのです。

行動を変えて、いつもと違う刺激を自分に与える。ぜひ試してみてください。

ただし、「絶対にここで新しい出会いを見つけるぞ！」と意気込みすぎないこと。ここでのポイントは、いつもと違う刺激を楽しむということです。

出会いを見つけることがナンバー1ではなく、普段とは異なる行動をとっていることを楽しむことがナンバー1です。自分が心から楽しんだり、感動したりしているときに流れる「気の変化」、それが新しい出会いを呼び込むポイントです。

素敵なご縁は「焦らない」ことから

最近は、結婚相手を探す手段として結婚相談所に登録することも一般的になっています。そのときに大切なことは、「必ず運命の人に出会える」と信じることです。

何度も言いますが、あなたは誰と出会い、誰と恋愛をし、誰と結婚するかを、人生の台本に書いてきているのです。だから、どんとかまえていればいいのです。

けれども、適齢期が近づいたり、周りの友だちが結婚しはじめると、「早く結婚相手を探さなければ」と焦りだし、結婚相談所に登録してもなお、結婚が決まるまでは安心できない人もいます。

ですが、この「焦り」がよくありません。焦りのエネルギーは、あなた本来の魅力を覆い隠し、表面的ないい部分しか見せないようにコントロールしてしまうからです。

すると、同じように結婚に焦りを抱いている男性、外面《そとづら》のいい男性と引き合ってしまうのです。

たとえば、焦りのエネルギーが大きいと、「結婚すること」がゴールになっているので、相手の年収がいい、一流企業に勤めているから将来は安泰《あんたい》、など〝条件〟で相手を判断してしまいがちです。すると、同じような気持ちであなたを見る人が現れます。若いほうがいい、美人がいい、好みのスタイルか、料理は上手かなど、条件面だけを見てジャッジする人を引き寄せてしまうのです。

せっかくの出会いの場で、そんなムダなエネルギーを使う必要はありません。必ず運命の人には出会えるのですから。運命の人とのご縁を信じましょう。

結婚相談所に登録したからといって、焦らない。どんとかまえて待つ。その余裕が素敵なご縁を運んでくるのです。

桃の入浴剤で恋愛運をアップ！

異性とのコミュニケーションが低迷していたり、恋愛運が落ちているなと感じたりしているときに、ぜひ試してほしい陰陽道のおまじないがあります。

それは、桃の香りの入浴剤を入れたお風呂に入ること。桃の花や桃の実、その香りには、穢《けが》れを祓《はら》う力があるといわれているからです。

『古事記』によると、イザナギノミコトが妻のイザナミノミコトに会いに黄泉《よみ》の国に行くと、すでに化け物に変身したイザナミノミコトがいて、そこから逃げ帰るときに、イザナミノミコトが差し向けた化け物たちに桃の実を投げつけたところ、化け物たちは退散した、とされています。そのことから、邪気を祓い、良いご縁に導くためには、桃を利用するとよいと伝えられています。

可能であれば、桃の葉や、果物の桃を丸ごとお風呂に入れるとより効果は高まるのですが、1年中あるわけではないので、桃の香りの入浴剤で十分です。

体のなかの邪気を全部外に吐き出すようなイメージで、桃の香りの入浴剤につかり、ゆっくりバスタイムを楽しみましょう。自然と良いご縁が舞い込んできます。

運命の人の見極め方とは

恋愛相手とは、結婚も視野に入れ、これから先の人生を長期的に考えられる人であるべきです。特に女性の場合、相手の男性がどんな人かによって、人生が大きく影響される側面も少なからずありますから、やはりともに幸せを分かち合える男性を見極めたいもの。

では、どこで見極めればいいのでしょうか？

まず1つ目は、きらびやかではない人。きらびやかな人は、一見モテそうで素敵に見えたりもしますが、その人の運気がいいからきらびやかなわけではありません。その逆で、運気が落ちてきていると感じれば感じるほど、見た目も性格も、表面的に飾ってしまう傾向にあります。そこを見誤ってはいけません。

運をつかんでいる人は、決してきらびやかなイメージはなく、どちらかというと一見、地味かもしれません。でも、それは肝《きも》が据《す》わり内面が落ち着いているから、外見も落ち着いているのです。

2つ目は、仕事の愚痴を言ったり、誰かを批判したりしない人です。第2章で「強運な人はマイナス発言をしない」と述べましたが、付き合っているうちからマイナス発言が多い人は、結婚したら、もっともっと愚痴を言ったり、批判ばかりする人になるということです。

付き合っている間は、誰でもなるべく相手にいい顔を見せようとします。ですから、相手に知られたくないマイナス面は隠そうとするものですが、やはり100パーセント隠し通せるわけではないので、ちょこちょこと本当の性格が顔を出してくるものです。なのに、付き合っているうちからマイナス発言が多い人と一緒にいては、あなたの運気も下がってしまいますし、結婚生活でもトラブルが多くなることは目に見えています。言霊の力を侮る人は、あなたのパートナーとしては失格です。

ただ、これらを見極めるには、見極める本人が、冷静な目を持っていないといけません。やっとつかんだこの出会いを手放すものかと躍起になってしまうと、どんな相手もよく見えてしまうからです。

そんな自分に気づき、冷静になろうとしている間に、スルリとあなたのそばからいなくなるような男性であれば、もともとご縁がなかっただけの話です。

では、どうすれば素敵な男性を見極める目を持つことができるのでしょうか？それは、「心眼《しんがん》（見えないものを見抜く力）」を持つことです。心眼があれば、いいことを言っていても本当は裏がある、無口だけど心は温かい人、など相手の心を透視《とうし》しているかのように、相手がどんな人かわかるようになります。

心眼を持つためには、自分自身の心の奥底に隠されているものは何か、深く自分を掘り下げる必要があります。自分を知れば知るほど、相手のことも深く理解できるようになるからです。自分を掘り下げていく作業を行ううちに、深い洞察力《どうさつりょく》を得て、今までうまくいかなかった本当の原因に気づき、次こそ素敵な男性を見極める目を持てるようになっていくのです。

願いはこうして現実になる！

適齢期というものは、何歳から何歳までと決められているわけではありませんが、男性も女性も30歳前後になると、バタバタと結婚していく傾向にあります。そんななか、「付き合って何年にもなるのに、いまだにプロポーズをしてくれない」と不安に思っている方もいるでしょう。ましてや自分も適齢期に近づいたとなると、彼にいら立ちを感じてしまうのは当然なのかもしれません。女性の場合、子どもを授かるリミットも考えはじめると、心中穏やかではいられないでしょう。

そんなとき、感情的になって「私たちの結婚について、どう考えてるの？」などと迫ってしまい、破局などという結末になってしまえば、自分の恋愛運や結婚運を呪いたくなるもの。

けれども、感情的になって実りない時間を過ごしたところで、なんら解決の糸口を探すことはできません。それよりも、なぜ彼はプロポーズしてくれないのか、その原因を探ることのほうが大事です。

本書の最初で、「運というものは自分がしたことが返ってきた結果である」と述べました。要するに、今起きている現実というのは、すべて自分が思っていること、自分の心のなかの投影なのです。

そう考えると、彼がプロポーズしてくれないという事実は、あなたのなかに、結婚に対する不安や恐れがあって躊躇《ちゅうちょ》しているからともいえます。口では「結婚したい」と言っていても、潜在意識では、１００パーセント手放しで結婚を歓迎できない、そんな自分がいるのです。

その原因はいろいろです。たとえば、両親が不仲で結婚に対するイメージが悪いという人もいるでしょうし、結婚をして自分のキャリアを断念しなければならなくなるかもしれないといった漠然とした不安を抱いている人もいるでしょう。

いずれにしても、自分自身が「幸せな結婚ができる。それは現実になる」ということを、心の奥底から信じることができていない状態です。

加えて、あなたがそう思っているということは、彼自身も結婚に不安を抱いている人だということです。自分の周りにいる人は、自分を映し出す「鏡」だからです。結婚して家庭を持つことへの不安、相手を幸せにできないのではないかという恐れなど、彼もまた、あなたと同じ想いを持っているのです。

それなら、彼とは永遠に結婚できないのか、というとそんなことはありません。「自分が変われば相手が変わる」と言いましたが、あなたが結婚に対してポジティブなイメージを持ち、幸せな結婚が現実になることに疑いを持たなければ、彼もあなたと同じように変わっていきます。

彼は、あなたの思考を映し出している「鏡」であることを忘れてはいけません。

まだ起こっていない未来を疑って過ごすのではなく、毎日彼といられることの喜びを共有していきましょう。今、目の前にいる彼を大切にして生きてみましょう。その先に、彼からのプロポーズが待っているのです。

人の不幸の上に幸せは成り立たない

恋人がいても、結婚していても、他の人を好きになってはいけない、という決まりはありません。この地球上に約77億の人（２０１９年現在。国連データからの推計）がいて、そのなかのおよそ半分が異性だとすれば、日々の出会いのなかで、「いいな」と好意を抱く人が現れてもなんらおかしなことではありません。

しかし、浮気となると話は別です。実際に、深い関係になるということは、あなたを信頼しているパートナーを裏切ることになるからです。その裏切りは、あなたにも同じ結果として返ってきて、いずれ自分が悩み苦しむときがやってきます。

「そんなことを言っても、好きになってしまったんだから仕方がない」と思うかもしれません。ですが、この世には、「他の人の気持ちを差し置いて自分だけが幸せになる」ことは叶わないようになっています。

すべては必然。この世は、自分がしたことがそのまま返ってくる、という因果関係の上に成り立っているのですから、誰かの苦しみの上に幸せは存在しないのです。自己中心的な考えには必ず代償を支払うときがくる、それがこの世の法則なのです。

つらい現実のなかに「気づき」のチャンスがある

一方、浮気をされて悩んでいる方、特に女性の相談者に多くいます。つい感情的になって相手に怒りをぶちまけてしまいがちですが、前にも言ったとおり、怒りのパワーほど負のエネルギーを放つものはありません。怒りのエネルギーは一瞬で相手の心を閉ざし、頑なにさせてしまいます。

また、執着も彼の心を頑なにさせる原因のひとつです。絶対に手放すものか、といったその強い念は、ネバネバと相手の心にのしかかり、目には見えなくても、相手を重たく不快な念でがんじがらめにしてしまうのです。彼はその念から逃れようと、あなたを遠ざけるようになっていくでしょう。

ただでさえ他の女性に心を奪われている状態なのに、あなたの態度次第で、さらにその心を閉ざしてしまうようなことがあれば、彼はますますあなたから離れていくだけです。彼に戻ってきてほしいのであれば、彼の心を開かせること。それが大事です。

そのためには、感情と切り離して、彼が浮気したという事実と向き合うことです。なぜ彼は浮気をしたのか、自分にも反省すべき点はなかったか、浮気をされてなぜ怒りが湧いてくるのか……。一つひとつ分析していくと、新たな気づきが湧いてきます。

たとえば、先ほど「起こっている出来事はすべて自分の投影」と言いましたが、浮気をされるということは、「浮気をされるかもしれない」と思っていたのかもしれませんし、「浮気をされたほうが都合がよかった」のかもしれません。

もちろん、浮気をされた側はそんなことなど微塵《みじん》も自覚していませんが、潜在意識のなかではそう思っていた可能性があるのです。

自分に自信がないから浮気をされて当然、男は浮気をするものだ、浮気をされたほうが悲劇のヒロインに浸《ひた》れる、独りになって自由になりたい……。そんな想いが潜在意識のなかにあって、それが現実になっただけなのです。思い当たるところがあるのではないでしょうか。

不幸だと思っていることも、裏を返せば自分の投影なのですから、浮気をされて悩むよりも、自分への気づきのチャンスと思い、自分の心のなかを見ていきましょう。彼を許す、許さない、彼と別れる、別れない、はそれから考えればいいことです。

つらい現実に向き合って気づきを得ることができたとき、そんな謙虚で誠実なあなたに、運が味方をしはじめます。

別れたあとは、ご縁に任せる

恋人との別れ、伴侶《はんりょ》との離婚……。別れは身を裂《さ》かれるほどつらいものです。自分の気持ちが冷めたのであればまだしも、愛する相手から一方的に「別れたい」と言われたら、素直に「わかりました」とは言えないのが普通の心境でしょう。「なんで別れなきゃいけないの?」「何か私にいけないところがあった?」「悪いところは直すから別れないで!」と、追いすがってしまいがちです。しかし、あなたから心が離れてしまった人を取り戻したいと思うなら、それは逆効果であることを知らなければなりません。

自分に置き換えて考えてみればわかりますが、もう離れたいと思っている相手に捕まえられそうになったら、逃げたくなるのは当然です。

先ほども言いましたが、「何が何でも離したくない」という執着の念は、重たく彼にのしかかっていきます。自分の自由を奪おうとする相手からさらに離れたくなる。結果、あなたと彼の心の距離をさらに離してしまうことになるのです。

では、別れを告げられたときはどうすればいいのでしょうか？

まずは、「縁」を信じることです。人のご縁というのは、必然です。あなたは人生の台本に誰と縁を持って生きるかについても書いてきたのです。彼と出会ったのも、彼と別れることになるのも、すべて台本どおりです。

そのあと、どんな台本が書いてあるのかは、今は誰にもわかりません。新たな人に出会えるのかもしれませんし、復縁をしてさらに絆を深めるのかもしれません。また、彼とは友だちとしていいお付き合いができるかもしれませんし、まったく関係のない人になるかもしれません。

いずれにせよ、彼との縁が続くのであれば、何をしなくとも、自然と戻るものなのです。「別れたくない」という執着で彼の心を縛りつけるのではなく、自然の成り行きに任せましょう。あなたが書いた人生の台本を、自ら複雑にする必要はありません。

復活愛を長続きさせるためのコツ

別れたあと、再び彼とやり直すという人生の台本を持っていた人は、いわゆる「復縁」によって、よりを戻します。

「復活愛」については賛否両論あるようですが、私は尊いものだと思っています。一度別れて再び一緒になるということは、「離れてみたら、あなたの大切さがわかった」ということをお互いが認識したからこそです。

一緒にいるとなかなか気づけない相手の素晴らしい部分を、離れたことで気づくことができ、そこを再認識できたからこそ、再び愛が芽生えたのでしょう。ですから、最初のお付き合いのときよりも、深いお付き合いができるものです。

そんな彼との関係を長続きさせるためのコツがあります。それは、「彼のいい面をたくさん見つけて言葉で伝える」こと。

付き合いが長くなると、「言わなくてもわかるでしょ」と思いがちですが、本当のところ、相手が何を思っているのかは、相手でなければわかりません。どんなに長く一緒のときを過ごそうとも、相手は自分ではないので「言わなければわからない」のです。だからこそ、想いを言葉にして伝えるのです。

第2章で、言葉には「言霊」という見えない力があると言いましたが、相手にとってうれしい言葉は、一瞬で相手の気持ちを幸せにすることができる魔法でもあるのです。

彼との最初のお付き合いのときに、自分たちの想いを口にしなかったために、心にすれ違いが生じて別れに発展したというのであればなおさらです。

「その考え方いいね」「そういうやさしいところが好き」「あなたって素晴らしい才能を持っているよね」「一緒にいると安心する」。

こんなふうに、相手のいい面を言葉でどんどん伝えましょう。

言われたほうも悪い気はしません。あなたという絶大な味方を得た気分になった彼は、さらに高みを目指して、あなたのためにもがんばりたいと思うでしょう。

こんなふうに、ポジティブな言葉は、温かいエネルギーで、あなたと彼をふんわりと包み込み、幸せという豊かなエネルギーを引き寄せてくれるのです。

冷めた関係を解かす「感謝」の法則

好きで結婚したはずなのに、生活をともにするうちにいつの間にか気持ちが冷めてしまう。寂しいことですが、こうした現実は少なくありません。ご主人との会話は、日常の報告ぐらい。あとはほとんど話さない、という方もいらっしゃいます。

なぜ会話がなくなるのか。その要因として、話を聞いてくれない、話をしても否定ばかりされる、というものが多く、長年の積み重ねのなかで「どうせ、この人に言ってもムダ」という思考が生まれてしまうようです。

では、なぜご主人は否定ばかりするのでしょうか？

実は、ご主人に否定ばかりされるという方は、自分もご主人に感謝できていないことが多いものです。私は、ご主人への不平不満を言う方に「ご主人が何かしてくれたときに『ありがとう』と言っていますか？」と尋ねます。すると、多くの方が「言っていません。夫だって私に一度も『ありがとう』って言ってくれたことがないんです。私は毎日、家事や育児をして家族のためにがんばっているのに……」と答えられます。

そこで、「では、あなたは『家族のために毎日働いてくれて、ありがとう』と言っていますか？」と尋ねると、みなさんうつむかれてしまいます。そうなのです。お互いが初心を忘れてしまっていることが多いのです。

相手から否定されていると感じたときは、相手を責める前に、まず自分自身を省《かえり》みてください。あなたが「ありがとう」を言えるようになると、ご主人からも「ありがとう」が聞けるようになるでしょう。まず、自分から気づくことが大事なのです。

所詮《しょせん》、相手だけを変えることは無理な話なのです。それは長年連れ添ったあなたが一番わかっていることではないでしょうか。

仮に、相手に強く求めてなんとか変わってもらったとしても、やっと変わってくれてホッとしたのもつかの間、今度は他の気になるところに目がいくようになる。これでは、彼を自分の思いどおりに変えるのに何年あっても足りません。

でも、自分を変えるのは簡単です。気づきと覚悟さえあれば一瞬です。100パーセント自分の思いどおりにしたいという想いをやめ、相手にしてもらいたいと思っていることをこちらが積極的にすることです。そうすることで、相手に変わってもらいたいと思う自分を変えることができるのです。

夫婦の関係は長いスパンでとらえる

もし、ご主人に感謝の言葉を伝えているのに否定ばかりされるという場合は、ご主人が職場や外の世界で誰かに否定されている可能性があります。たとえば、職場の上司から理不尽なことばかり言われていたり、友だち関係でトラブルが起きていたりして、そのイライラのはけ口を奥さんであるあなたに向けてしまっているのかもしれません。

しかし、ご主人はそんなときも心の奥底では、奥さんには常に味方であって

ほしいし、自分を認めてほしいと思っています。想いと態度が裏腹になってい
るのです。

そのようなときは、どんなささいなことでもかまわないので、ご主人を認め
て肯定する言葉を伝えましょう。玄関の靴をそろえてくれたら「玄関をキレイ
にしてくれてありがとう」、子どもの面倒を見てくれていたら「忙しいときに面
倒を見てくれるから助かるわ」など、あえて褒めるようにします。

また、日常の会話も否定的な言葉を使うのは一切やめます。たとえば、「大き
な庭でガーデニングするのが夢だったのに……」ではなく、「窓際に観葉植物
の鉢を置いてみたら、こんなに素敵になったの」と、生活を楽しむポジティブ
な言葉に言い換えてください。こうしてあなたが明るく幸せそうにしていると、
ご主人はあなたに当たってしまったことを反省し、いつも味方でいてくれる奥
さんを大切にしようと思うようになるでしょう。やさしい言葉を使うことで、
家族の運を高めていくことができるのです。

それでもどうしても、ご主人に否定されることが許せないと思う方は、老後

を迎えたときに自分を支えてくれるのは誰かを想像してみましょう。

私はよく相談者にこの質問を投げかけます。すると9割の相談者は「やっぱり主人だと思う」とおっしゃいます。

そして、「老後に何をしたいですか？」と尋ねると、「夫婦ふたりで温泉場のあるところに住みたい」「田舎暮らしをして畑を持ちたい」などと夢を語ってくれるのです。

どうしてもご主人との将来が考えられないという場合は、離婚されたほうがいいのかもしれませんが、夫婦仲が悪いのは今だけだと思えるのであれば、今はそういう時期なのだと割り切りましょう。

夫婦仲が冷え込む時期は、誰にでもあるものです。子育てで必死になっている時期、教育費を稼ぐために忙しい時期、仕事が不安定な時期……、結婚をすれば誰もがさまざまな苦労を経験し、それを乗り越えていくものです。

こうして長いスパンで夫婦をとらえることができると、冷え込んでいる夫婦関係もやり過ごすことができるようになり、夫婦の愛情運も、再び取り戻すことができるのです。

「正しさ」よりも「楽しさ」を

ネガティブな気持ちは、当然運を遠ざけることになります。もちろん、日々の生活のなかで悩みは生じるもので、悩むこと自体なんら悪いことではありません。むしろ、悩みというのは、よりよくしようと思った結果生ずることですから、大事な過程です。

ですが、答えなき悩みに振り回され、それによって毎日がつらい日々で仕方がないという心の状態になったら話は別です。結婚生活とは、いわば他人同士の同居なので、悩みが出てくるのは当然です。

恋人同士だったときは、「結婚したら○○したい」という理想がたくさんあったことでしょう。しかし、結婚生活に新鮮味が薄れ、仕事や子育てなどに忙しくなり、目の前のことをこなすだけで精いっぱいという状態になると、生活を楽しめなくなってしまいます。

特に女性の場合、子どもが生まれると1日中育児に追われ、楽しむ余裕すらなくなってしまいがち。平日は、ご主人は仕事優先で朝から晩まで不在という家庭も多く、休日くらいは家族で過ごしたい、ご主人に子どもの面倒を見てもらって自由になりたい、と思っている女性も多いのではないでしょうか。

ところが、ご主人はそんな奥さんの気持ちを汲み取ることなく、休日も仕事に出かけたり、付き合いだからといってゴルフに出かけたりしてしまうと、「家庭をないがしろにしている」「少しくらい子どもの面倒を見てくれてもいいのに」と、ご主人に対して不満を抱くようになってしまいます。

そういったネガティブな感情は、ため込めばため込むほど破壊のパワーを強めていってしまうのです。最初は寂しさから始まった気持ちだったのに、いつしか憎しみに変わってしまうと、家族という絆が崩れてしまうことになりかねません。


結婚をしていれば、相手に文句を言いたくなることもあるし、怒りたくなることもあるでしょう。

そんなときは、「家庭をないがしろにしているように感じて寂しかった」「もっと子どもの面倒を見てくれるって期待していた」など、ネガティブな感情がふくらむ原因となったひとつ手前の気持ちを伝えましょう。

すると、相手も素直にその気持ちを受け取ることができるので、「寂しい思いをさせて悪かったな」「もう少し妻のことを労《いたわ》ろう」と思えるようになります。

自分自身を楽しませる生き方を

また、うまくやろうとするあまり、「家族」という単位にこだわりを持ちすぎると疲れてしまうものです。家族を構成しているのは、それぞれに個性を持った個々の人であって、みんなが同じ価値観、同じ基準で動いているわけではないからです。それなのに、「何をするにも家族一緒」と考えてしまうと相手を縛ることになるので、相手が期待したような反応を返してくれないとがっかりしてしまうのです。

それよりも、まずは自分自身を楽しませることが先決です。遊園地に行きたいけど、夫は忙しそうだから子どもとふたりで楽しんでこよう、子どもが幼稚園に行っている間に、気になっていたケーキ屋さんでお茶をしよう……。こんなふうに自分の気持ちを楽しませる生き方をしていきましょう。

他人同士の生活は、ひとたびほころびはじめると、あらが目立ってきて正したくなるものです。

結果、自分が正しいと思う価値観を相手に押しつけがちになってしまいます。

でも、「正しさ」とはなんでしょうか？

あなたの「正しさ」は相手にとっては正しくないのかもしれません。ふたりが「正しさ」を主張し合うと、ぶつかりやすくなるもの。「正しさ」よりも「楽しさ」を追い求めてみてはいかがでしょうか。

「楽しさ」は主張し合っても、ぶつかるどころか倍増してふくらみ、人生を豊かにしてくれるのです。

第5章

仕事・お金の運をつかむ

仕事・お金と運の関係

仕事をしていると、どうしても思ったようには事が進まなかったり、やること為《な》すことがうまくいかず負のスパイラルに陥ったり、一方で、願ったとおりの部署に異動できたり、大きな商談が思いがけずまとまったり、「運」や「流れ」のような、見えない力に動かされていると感じることは、多々あると思います。

基本的に、仕事は「人」なくして進められません。物をつくる人がいて、それを買う人がいて、成り立つもの。アイデアを出す人がいて、アイデアをいいと思う人がいる。サービスを提供して、サービスを提供してもらう人がいる。「人」を介してお金が動き、仕事が回っていくものです。

対社外だけではありません。社内でも仲間なくして進められる仕事はないのですから、ここにも「人」が関わってきます。

仕事の「運」は、まさに「人」が運んでくるものです。

自分が仕事でやりがいを持てるようになる、なりたいポジションに立てる、成功を収めることができる。それらは、「他人は関係なく、自分の努力で勝ち得たもの」ではありません。すべて間違いなく「人」が運んできてくれたものです。

仕事がうまくいっている人、成功している人というのは、そういった気づきや、感謝ができています。仕事とは自分の力だけで成り立っているものではない、自分は周りの人に支えられている存在である、ということに気づいたら、すべてのことが感謝に変わります。すると周りの人たちは、さらにあの人に「運」を運んでいってあげたいと思い、あなたの力になってくれるのです。

そうやって、「運」はスパイラルのようにプラスに働き出し、「見えない力」となって、あなたを〝右肩上がり〟に導いてくれるのです。

ただ、日々の仕事のなかには、やりたくないこともあれば、合わない上司や部下、取引先の人もいます。感謝をしようと思ってもできない人もいます。そういう環境が避けられないのが現実なのです。

そこで本章では、そのような環境下でも、仕事で「運」をつかむ方法をお伝えしたいと思います。

お金はエネルギー

一方、お金の「運」も、仕事で入ってくるお金という意味では、「人」が運んできてくれるものです。ですから、出会ったすべての人を大切にし、感謝をする、これは基本です。

ただ、お金の「運」の場合、それ以外にも「施《ほどこ》し」や「行い」をすることで、運が舞い込みます。困っている人を助ける、相手が喜ぶことをする、トイレ掃除をする、ゴミを拾うなどといったことです。相手の幸せにつながるようなことをしたり、あえて誰もやりたがらないことを積極的にするのです。

なぜ、そうした「施し」や「行い」がお金の「運」を招くのかというと、お金は「エネルギー」だからです。この世は、自分のした分のエネルギーが自分に返ってくるという因果関係で成り立っていると考えれば、相手を幸せにした分、自分のところにも「お金」というエネルギーの幸せが返ってくるというのは当然なのです。

ですから、本当のお金持ちといわれる人は、派手な生活をしません。手に入れたお金を自分のために使うのではなく、お金を必要としている人のところに流し、自分はどちらかというと質素な生活をしているものです。

けれども、現実問題、毎月生活するのがやっと、誰かに施しを与える余裕などない、という人もいるでしょう。そんな場合でも、お金の「運」をつかむためにはどうすればいいのか、この章で併せて解説していきます。

基礎を怠《おこた》らない

お金で成り立っている今の時代に生きる以上、人は「お金」が必要です。お金がなければ、家に住めない、食べ物を口にできない、洋服を買えない、娯楽《ごらく》を楽しめないと、欲しいものを何ひとつ手に入れることができません。だから、「お金のために仕方なく働いている」という人もいます。しかし、それでは仕事の「運」は巡ってきません。

先ほども言いましたが、仕事の「運」は「人」が運んでくるものです。お金のために仕方なく働くという考えや態度は、あなたのモチベーションを下げてしまうでしょう。たとえあなたが、そんな態度を微塵も見せていないと思っていたとしても、あなたの思考はエネルギーとなって出ています。ですから、そのやる気のなさは確実に周りに伝わってしまうのです。

前向きな姿勢を感じられないあなたに新しい仕事をお願いしたり、いいポジションに就いてもらいたいとは、誰も思いません。

こうして、「仕方なく働く」あなたには、「仕方ない結果」が返ってくるのです。

では、仕事にはどのような姿勢で取り組めばいいのでしょうか?

何も難しく考えることはありません。基礎をしっかり確実にやる、これが重要です。どんなに複雑で高度な仕事であっても、必ずその土台には基礎があります。家を建てるときも、基礎がしっかりしていなければ、上に建物を建てられないように、仕事も基礎がしっかりできていなければ、その上にアイデアも技術ものせられないのです。

基礎を怠ってはいけません。基礎ができていないと思うのであれば、もう一度最初に戻って、基礎を復習しなおしましょう。わからなければ、周りの人に聞きましょう。わからないことを恥ずかしいと思う必要はありません。わからないのにわかったふりをすることのほうが、よっぽど恥ずかしいことです。

すべての仕事につながる土台づくりを

それぞれの仕事には、それぞれの基礎がありますが、すべての仕事につながる基礎というものもあります。

それは、どんなに当たり前のことでも、目の前の仕事には、笑顔で誠心誠意取り組むということです。

たとえばそれが、上司から言われたお客さんへのお茶出しだったり、ゴミ捨てだったりするかもしれません。しかし、それも仕事のひとつです。お茶の出し方ひとつでお客さんの心を和ませることもできますし、オフィスのゴミ捨てをすることで、みんなが気持ちよく仕事ができる環境をつくることにもつながります。

雑用であっても笑顔でちゃんとこなす、そんなあなたを悪く思う人がいるはずがありません。そうした一つひとつの丁寧さが、信用をつくっていくのです。

自衛隊のイラク復興支援部長、番匠幸一郎《ばんしょうこういちろう》さんが、出発前の隊員に対して言った言葉に、「ＡＢＣＤ作戦で行こう！」というものがありました。

ＡＢＣＤ作戦とは、「Ａ＝当たり前のことでも」「Ｂ＝ぼーっとせずに」「Ｃ＝ちゃんとやる」「Ｄ＝できれば笑顔で」というものでした。自衛隊から死傷者の１人でも出たら大変な騒ぎになるなか、番匠さんはイラクに向かった２００人の隊員全員を無事に帰すという使命を果たすために、この「ＡＢＣＤ作戦」こそ大事だと隊員たちに伝えたのです。

まさに、すべての仕事につながる基礎そのものです。

もし、今の仕事に不平不満を抱き、文句を言いながらやっているとしたら、そのエネルギーを基礎づくりに向けるべきです。

基礎固めをする。簡単なようでなかなかできていないことかもしれませんが、仕事の「運」を上げるためには欠かせない要素なのです。

仕事とは失敗の連続で当たり前

仕事でのミスや失敗をしたとき、私たちは落ち込みます。ましてや、上司から怒られた、社外の人に迷惑をかけたとなれば、その落ち込み具合はさらに底へと向かっていきます。ある程度落ち込むことは仕方がないことですが、あまりにも落ち込みすぎて這《は》い上がれない、という場合は要注意です。

落ち込みムードの気分から脱することができないと、そのまま、運気も下がりつづけて、下降の一途《いっと》をたどってしまうこともあるからです。一度、右肩下がりの運気になってしまうと、そのベクトルを上向きに修正するには、かなりの努力とエネルギーが必要となってしまいます。

もちろん、仕事でミスや失敗をするのは、あなたが気づいていない何かを教えてくれているからこそです。自分の何がこの出来事を招いてしまったのか、という内観は必要ですが、落ち込みすぎないことも大事です。

実は、この世に起こる出来事において、いいも悪いもありません。いい、悪いというのは、私たち人間が決めたこと。あるのは、ただ「その出来事が起こった」という事実だけです。

それにほとんどの場合、「この仕事を失敗させてやろう」と悪意を持って失敗したわけではありません。いい結果になることを願ってやったけれど失敗してしまった、というのが正直なところです。

そうであるならば、どんなときも一生懸命、それが最善だと思ってやっていたのです。だから、そのときそのときに出した答えはすべて「正解」。必要以上に自分を責める必要はありません。

そもそも仕事というものは、失敗の連続で当たり前です。仕事とは学びの場でもあるからです。一緒に仕事をしている人たちは、みな学びの途中。さまざまな失敗をして、イヤな思いをして、厳しさやつらさを味わって……、たくさんの経験を通して学ぶからこそ、次は今よりもよくしようと、自分自身を成長させていくことができるのです。

むしろ、失敗を経験することなく、トントン拍子で順調に上り詰めている人のほうが危険かもしれません。大きな学びが抜け落ちている可能性もあり、あとで取り返しのつかない失敗をしてしまうことにもなりかねません。

だから、失敗の連続で大丈夫。失敗を繰り返し、自分を磨いていくうちに、気づけば右肩上がりの運気をつかんでいるものです。

苦手な人は、気づかない部分を映し出す人

職場とは、究極の人間関係の学びの場です。これまでまったく違う環境で育ってきた人たちが、同じ場所に集まってヒエラルキーをつくり、ひとつの目的に向かって働いている。今まで出会ったことのないような価値観の人と、一緒に仕事をするのですから、トラブルが起こってもなんらおかしくはありません。

いろいろな職場で働いた経験のある人はわかると思いますが、どの職場に行っても、自分とは相容《あいい》れないタイプがいるものです。

怒鳴ってばかりの上司、期限にルーズな部下、自慢気に話す取引先の人。そんな人たちと顔を合わせて毎日を過ごさなければならないと考えると、ぐったりしてしまいそうですが、苦手な人と関わることも仕事のひとつです。

なぜなら、そんな職場を選んだのは自分自身だからです。入社してみたら苦

手なタイプばかりだった、と言われるかもしれませんが、現実はあなたの思考の投影です。ですから、あなた自身が望み、入るべくして入った職場なのです。

第3章で、引き寄せ合う人には、「陽の鏡」の人と「陰の鏡」の人がいると述べましたが、職場にいる苦手な人たちは、みな「陰の鏡」の人たち。あなたの潜在意識に眠っている本当の気持ちを映し出してくれている人たちです。

たとえば、怒鳴ってばかりの上司は、「いつも感情を抑えて我慢しているあなた」を映し出しています。「私だって怒鳴りたい。それくらい我慢している」という気持ちがあるから、怒鳴る上司が気になるのです。

期限にルーズな部下は、「あなた自身が自分をゆるめていない」ことを映し出しています。「期限までにやらなければ」「期限を守らないと人間として失格」、そんな頑なな気持ちでいるので、ルーズな部下に腹が立つのです。

自慢気に話す取引先の人は、「自分を認めてほしいと思っているあなた」を映し出しています。「自分のがんばりを認めてほしい。でも、誰も認めてくれない」、そんな不満があるから、取引先の人の自慢話にイライラするのです。

このように、本当はすべて自分が気づいていない部分を映し出してくれている人たちなのです。そこが引き合うから「イヤだ」と感じているのです。まずは、そのことに気づきましょう。

自分との共通項を見いだして、「苦手な人もすべて自分」と思えるようになると、心が開き、共感できるようになります。すると、逆にシンパシーを感じて、仲良くなることもあるのです。

職場の苦手な人は、すべて自分の投影。そう考えて接していくこと。それが苦手な人を克服していく方法です。

成功したときほど謙虚であれ

努力が実を結び実績につながったとき、それはうれしいものです。周りの人たちからの「おめでとう」の声、上司からの褒め言葉、ときには成功した手当としてお祝い金をいただくこともあるかもしれません。

達成感と幸せに包まれ、「これからもがんばろう」とモチベーションが高くなるひとときです。

けれども、それを羨む人がいることを忘れてはなりません。第1章でも説明しましたが、運気が急激に上がるときは急激に下がる、そんな危険もはらんでいるのです。

では、急激に落とされないためには、どうしたらいいのか？

それは、有頂天にならないことです。周りが見えなくなるくらいうれしさで舞い上がっているとき、私たちの視野は狭くなっています。自分しか見えない、自分のことでいっぱいというように、自分のことで頭が埋め尽くされてしまうと、どうしても周りへの気遣いを怠ってしまいます。

そんな隙《すき》を狙《ねら》って、妬み、嫉《そね》み、羨みといった負の感情が、あなたの足を引っ張ろうとするのです。あなたに対する根も葉もないネガティブなうわさ、過去の失敗を引き合いに出す人、そんな兆しが見えたら、気をつけなければなりません。

成功したときほど謙虚であれ。これは仕事の「運」を味方につけるための鉄則です。強運の人たちは、どんな大きな成功をしても決して舞い上がらず、冷静に対応します。せっかく上がった運気を下降させない。そのための重要なポイントです。

今の仕事のなかに天職のヒントがある

「やりたいことが見つからないのですが、どうすれば見つかりますか?」「何が自分に合っているのかわからないので、占ってください」。

こんなふうに、今の仕事に満足していない人たちからの相談は多いものです。

そんなとき、私は「ヒントは、今の仕事のなかにあります」と申し上げています。

実は私たちは、人生のなかで必ずひとつは、自分が満足できる仕事が見つかるようになっています。いわゆる「天職」というものです。それが見つからないというのは、今の仕事のなかから面白さを見いだそうとしていないからです。

縁あって就いた仕事には、必ず意味があります。その意味を知ろうとすることなく、「合わないから」「キツいから」「人間関係がしんどいから」と転職を繰り返すので、天職が見つからない負のループに陥ってしまうのです。

以前、老人介護施設で介護福祉士をされている男性の方が相談にいらっしゃいました。彼は、円形脱毛症になるほど職場の人間関係に悩んでいて「もうやめたい」と言うのです。彼は、「他の仕事を探したい」と言うので鑑定をしてみましたが、彼には介護福祉士という仕事がとても合っていました。そこで「違う職場に転職して、介護福祉士を続けられたらいかがですか？」と提案しました。

それから半年後、彼から「転職してよかったです。仕事も面白く、やりがいを感じています。今年は、作業療法士の資格にもチャレンジしてみたいと思っています」とお電話をいただきました。

このように、職場の環境とは別に、純粋に仕事の内容だけを切り離して考えると見えてくるものがあります。縁あって就いた仕事なら、どんな仕事のなかにも面白みを見つけることができるのです。面白さがわかると、もっと勉強してみよう、もっと極めてみたい、という意欲が湧いてきますから、新しい可能性が広がっていくのです。縁あって就いた仕事には、必ず天職へとつながるヒントが隠されているのです。

目の前のことを一生懸命やるだけ

景気が回復しているとはいえ、無職の人も多くなりました。病気や家庭の事情により働けない方もおられますが、リストラなどで失業し、働く意欲が失せたまま家で引きこもってしまう方もいらっしゃいます。

そのような方たちには、理想が高いという共通点があります。「○○の職種でないとできない」「こんな安い給料じゃ働く気がしない」「今の資格が活かせる仕事じゃないとイヤだ」。こんなふうに自分で制限を設けてしまうので、せっかくのチャンスを逃してしまうことも多いのです。

でも、現実はそんなに自分の望むような仕事が目の前にポンポンと現れることはありません。今、満足いく仕事を手にしている人たちのほとんどは、まず目の前にある仕事を一生懸命こなし、そこから努力をしてスキルを高め、ご縁を広げて、思い描いたような仕事を手にしているのです。仕事で満足できていないと成功者を羨んでしまいがちですが、それはその方の努力あってのことなのです。

今、無職の方は、これならやってみてもいいと思える仕事に就いて、とりあえず働いてみてください。

仕事の「運」は人が運んでくるものですから、一生懸命、誠意を持って仕事に取り組んでいるうちに、必ず理想の仕事に出合えるはずです。

仕事運が下がっているときは、家庭運も下がり気味

仕事でトラブル続き、営業成績が落ちているなど、仕事運が悪いときは、家庭がうまくいっていない可能性があります。家はその方にとってのお城なので、安心して住めるはずのお城がガタガタになると、家庭の問題に気をとられ、不安定になってしまうからです。

そんなとき、人は物事のいい面に目を向けることがなかなかできません。物事とは本来多面的で、いい面も悪い面も持ち合わせているものですが、悪い面

だけに焦点を当ててしまうのです。その結果、仕事もうまくいかなくなり、仕事の「運気」も落ちてしまいます。

仕事運に恵まれないと感じているなら、家庭を見直してみましょう。まずは、土台をしっかり固めることが運を上げる大切な条件です。

運命の転職先に巡り合うためには

「何度も転職を繰り返すけれども、いい会社に巡り合えない……」という場合は、転職情報を探す時間を変えてみましょう。たとえば、いつも夜にインターネットで探しているという人なら、朝早い時間に探すようにしてみます。

なぜ時間帯を変えるのかというと、同じ時間帯はいつも同じ考え方しかしていないからです。人の思考にもリズムがあって、起きてすぐの思考、午前中の思考、お昼ご飯を食べた直後の思考、15時くらいの思考、夕方の思考、夜の思考……、時間帯によってそれぞれ考え方に傾向があるものです。

その傾向は人によって異なりますが、１日のうちのどこかの時間帯は、物事をマイナスにとらえてしまいがちになります。そのようなときに行動をとると、不安に基づいた行動をとってしまったり、よくない人や物に出会ったりしてしまうのです。
ですから、特に転職先を見つけたいという場合は、マイナスの時間帯を避けるためにも、いつもと違う時間帯に見つけてみましょう。きっと、「この会社で働きたい！」というひらめきが降りてくるはずです。

会社の気は玄関でわかる

働きたい会社が見つかったら、今度はその会社が本当にいい会社なのかを見極めます。会社の雰囲気を知るには、面接試験のときなどに、そこで働く人たちがイキイキしているか、いい表情をしているかなどを観察することが大切です。社長の経営に対する想いなども知ると、さらに会社への理解が深まるでしょう。

また、会社を訪れたら、ぜひ見ていただきたい場所があります。それは、玄関の雰囲気です。玄関という場所は、会社の入口でありもっとも重要な場所。飲食店でも入口の汚いお店には入りたくないと感じるものです。それと同じです。

よい気も悪い気も必ず玄関から入ってきますから、玄関が汚かったり、暗い印象があったりしたら、その会社はあまりいい状態ではないということです。入口にある傘立てが乱雑だったりするのもよくありません。

雰囲気のいい会社は、玄関が美しく、建物に入った瞬間に清々しい気を感じるはずです。もちろん、そのなかで働く社員も輝いています。

ぜひ、会社選びの目安として参考にしてみてください。

最初に「行い」ありき

「転職したい」と相談にこられる方にその理由を聞くと、「今の会社は、お給料が安いから」と、金銭面について挙げられる方がけっこうおられます。友だちなど周りの人が自分よりも高いお給料やボーナスをもらっているのを見ると、羨ましくなるようです。その気持ちはわかりますが、その前に、本当に自分はそのお給料に見合った仕事をしているのかを考えてみましょう。

章の冒頭でも話しましたが、お金の運は、最初に「行い」ありきなのです。「行い」とは、相手が喜ぶこと、相手の幸せにつながるようなことです。

どんな仕事であっても、「相手の喜ぶ笑顔」を考えて、仕事をすることが大事です。なぜなら、仕事とは「誰かのために」行うものだからです。

この製品が生活に役立ってほしい、疲れを癒してほしい、知識を増やしてほしい、このサービスで少しでも笑顔になってほしい。提供者のそんな想いが込められたものに対して、人はお金を出して手に入れたいと思うのです。

直接、物をつくっていない、サービスを提供していないような仕事であっても同じです。経理や総務、営業補佐といった仕事も、社内の人がスムーズに仕事に取り掛かれるように、また、その社員がいい商品をつくり、サービスを提供できるように、そのために行っているのです。

金銭面で不満を抱えているなら、まず、相手が喜ぶ顔を思い浮かべながら仕事をすることです。相手に寄り添う想いで丁寧に仕事をする、その姿勢は必ず誰かの目にとまり、あなたの評価は高まることでしょう。その結果、あなたが望んでいた仕事が舞い込んできたり、いいポストに就けたりして、自然とお給料も上がっていくものです。

誰かを幸せにした分、あなたも幸せを手にできるのです。

お金はため込まずに流す

誰もが「お金に困らない生活をしたい」と思っています。将来、リストラに遭うかもしれないし、病気になるかもしれない。そうなったときにお金がないと暮らしていけないという不安からお金をため込む人もいます。ですが、そんな人ほど、本当にリストラに遭って貯金を切り崩さなければならなかったり、病気になって治療費として支払ったりなど、自分が楽しむためにはなかなか使えなかったりします。

このように、想定外のことでお金が出ていってしまうのは、お金の性質を理解していないからです。そこで、お金と上手な付き合い方をするためにも、基本的な「お金の性質」について押さえておきましょう。

まず大前提として、お金とは「エネルギー」です。エネルギーが巡るためには、流さなくてはいけません。それなのにため込んでしまうと、淀《よど》んだ水たまりのようにエネルギーが滞ってしまうので、お金が増えなかったり、ありがたくない出来事で支払うはめになったりするのです。

ただし、お金を「流す」というのは散財するということではありません。この章の冒頭で、お金の「運」は「施し」と「行い」によって運ばれることを話しましたが、お金が巡る循環をつくりたければ、人に喜ばれる「施し」を積極的に行うことです。

日本ではあまり根づいていませんが、「寄付《きふ》」はとてもいい施しです。自分が関心のある団体や、助けてあげたいと思う人、そんなところに「応援しています」という気持ちで寄付をしてみましょう。

あなたのお金の一部を、温かい気持ちで寄付するというその行為には、ポジティブなエネルギーが宿るので、新しいお金が入ってくる循環を生み出します。

思いついたときだけでもかまいませんが、団体によっては、毎月寄付金を引き落としてくれるところもあるので、いろいろと検討してみるといいでしょう。

一方、寄付をしたいけれど、貯金もほとんどなく、毎月のお給料だけでなんとか生活をしている、高額の物を買うときは借金をするといった、万年貧乏体質から抜け出せない人もいます。

このような人は、お金に対するイメージがよくありません。「お金持ちは裏で悪いことをしているに違いない」「お金を持っているとろくなことがない」。そんなネガティブなイメージが潜在意識のなかに刻み込まれています。

たしかに、世の中には「金銭を狙った殺人事件」「詐欺」「銀行強盗」「スリ」など、お金に心を奪われ、相手を不幸にしてでもお金を奪い取ろうとする人たちもいます。しかし、本当のお金持ちというのは、こうした汚いお金とは無縁の、いいエネルギーを持ったお金だけが集まってきている人です。いいエネルギーのお金は、さらにいいエネルギーのお金を集めて、どんどんお金持ちになっていくのです。

お金は素晴らしい。そんな明るいイメージを抱いてください。お金に罪悪感があれば、今すぐ捨てること。お金にポジティブなエネルギーを感じられるようになると、あなたのもとに、いいお金が集まりだします。

お金とトイレ掃除の関係

トイレ掃除をするとお金がたまるとよくいわれますが、これは真実です。なぜなら、トイレ掃除にこそたくさんの気づきがあり、お金のエネルギーを呼び込むことにつながるからです。

まず、トイレとはどのような場所か、そこから考えたいと思います。トイレとは、私たちの排泄物《はいせつぶつ》を流す場所、もっとも汚いものを出す場所です。できれば触りたくないし、トイレ掃除は誰かにしてもらいたいと思う、そんな場所かもしれません。

ですが、そのような場所をあえて掃除するということは、誰もやりたくないことを率先《そっせん》して行うということです。まず、それだけでも高いポイントですが、トイレ掃除を行っていると、感謝の心が芽生えだします。

私たちは生きている限り排泄物を出さなければ生きていけませんから、それを受け止めてくれるところが必要です。トイレ掃除をしていると、そんなイヤな役割を、ただただ文句も言わずに受け止めてくれるトイレが、不思議と愛おしく思えてくるようです。

掃除をしながら、便器に「いつも本当にありがとう」と語りかけると、さらに感謝の気持ちが湧いてくるでしょう。

第1章で、感謝には「理不尽なことをされたときこそ感謝をする」という「上の感謝」があると言いましたが、トイレ掃除を喜んでできる人は、この「上の感謝」もできる人です。日常のささいなことにも感謝できる、理不尽なことを言われても感謝できる、生きているだけで感謝できる、そんな人になれるのです。

お金は、感謝の心にあふれた人が大好きです。感謝で満たされた人がお金を手にすれば、自分のためだけに使おうとせず、お金を必要としている人のところに、「施し」を与えてくれることがわかっているからです。

そんな人のところには、お金も積極的に行きたがります。こうして、トイレ掃除をすることで、お金が舞い込むようになるのです。

最初は、「お金持ちになりたいから、トイレを掃除する」という動機でもかまいません。トイレ掃除を続けているうちに、必ずたくさんの気づきが得られ、自然と感謝できる人になり、いつしか「お金持ちになりたい」という目的を忘れているでしょう。

だからこそ、お金が巡ってくるのです。

宝くじに当たる確率が3倍になる方法

サマージャンボ宝くじ、年末ジャンボ宝くじは、多くの人が夢を見て購入しているのではないでしょうか？

最近は、「1等前後賞合わせると10億円」という莫大な額になっていますから、もし本当に当選したら何に使ったらいいか困ってしまうかもしれません。

そんな夢のふくらむ宝くじですが、当たる確率が3倍になる方法があります。

それは、購入するときは、何度かに分け、同じ売り場に、同じ時間、同じルートで行くことです。なぜそうするかというと、1日のなかで必ず吉となる時間と方角があるので、毎回同じ売り場、同じ時間、同じルートで購入しているうちに、いつの日か吉の時間と方角に当たることがあるからです。

本当は、陰陽道の「奇門遁甲《きもんとんこう》」という占いで調べれば、吉の時間、方角がわかるのですが、誰でも調べられるわけではないので、「奇門遁甲」を使えない場合は、確率が高まる方法をとるのが正解です。運が味方する時間や方角に当たると、宝くじも当たりやすくなるのです。

また、宝くじが当たるといわれている売り場にはある共通点があります。それは、お店がいつも美しく、販売員も笑顔であることです。

売れるといわれている売り場は、よく掃除が行き届いていて、物が少なく、清潔感があります。また、販売員もニコニコしていて、「いつもありがとうございます。ぜひ、この宝くじが当たりますように」とひとこと添えてくれたりします。このような場所は、とてもいいエネルギーが循環しているので、本当にご利益をいただけるのです。

一方、高額当選がなかなか出ない売り場というのは、お店が汚かったりします。カウンターにほこりがたまっていたり、福を呼ぶはずの招き猫も汚れていたり……。このようなお店で購入しても、いい結果は期待できませんから、購入するお店はよく吟味《ぎんみ》してください。

「施し」でいいお金の循環をつくる

宝くじに当選をしたいと思ったら、お金のエネルギーを理解することです。先ほども、お金のエネルギーはため込んでしまうと、新たに入ってくることができなくなると言いました。宝くじに当たるためには流れをつくり、お金が入りやすくなるよい循環をつくらなければなりません。

流れをつくるためには、お金に執着しすぎないことです。「お金が欲しい！」「絶対損はしたくない」「お金が一番！」と思っていると、どうしてもお金をため込んでしまうからです。

たとえば、友だちと喫茶店に入ったときにきっちり割り勘にするのではなく、「今日はおごるよ」とあなたが払ったり、自分のほうが少し多めに払ったりして、相手が喜ぶことに積極的に使ってみましょう。日常のなかでお金を使う練習をしてお金を流すようにすると、宝くじの当選確率が上がります。

さらに高額当選を狙うなら、困っている人に「施し」をすることです。たとえば、街頭で行っている募金活動に寄付をしたり、NGOが主催する難民援助などの寄付を毎月口座から引き落とされるように設定したりして、1円でも多く困っている人に施しをしてください。寄付は高額であればあるほど、宝くじも高額当選しやすくなります。

他にも、ボランティア活動などで困っている人を助けたりすることも、宝くじの当選に大きく貢献します。

誰かのためにお金を使う。この考え方が身につくと、宝くじが当たった暁《あかつき》には、困っている人のところにも寄付をしたくなるでしょう。その気持ちが、宝くじに当選するという結果を呼び込むのです。

第6章

健康の運をつかむ

健康と運の関係

人生、体が資本です。命がなければこの人生を全《まっと》うできませんし、健康でなければ、人生を謳歌《おうか》することも難しくなります。もちろん、大なり小なり病気やケガをすることはありますし、もっと言えば健康のありがたさに気づくためにも、病気やケガは必要なことだったりします。

ただ、ケガが続く、病気が慢性的になって日常に支障をきたすとなってきたら、注意が必要です。今、自分は運気が低迷している状態で、右肩下がりになっているのかもしれないというサインにもなりますので、そういうときは、これまでの自分の生活や心のあり方を振り返ってみてください。

無理していることはないか、我慢していることはないか、ストレスに感じていることはないか、体を酷使《こくし》しすぎていないか。体は正直ですから、心や体に負担がかかると、それを私たちに教えてくれているのです。その体の声を聴くことが、健康を維持し、運気アップを保つためにも欠かせません。

仕事が最優先だったり、いつも何かと忙しくしていたりする人ほど、体を休めるというと罪悪感を抱くかもしれません。しかし、体を休めるということは、悪いことではありませんし、決して停滞することでもありません。

車もずっと走りっぱなしでは故障してしまいます。定期的なメンテナンスがあってこそ、長期間乗れるというもの。人間も同じで、ずっと全力で走りつづけることがいいわけではなく、メンテナンス＝休憩があるからこそ、いいリズムを保てるのです。

本章では、心身の調子を整え、健康の「運」をつかむための方法をお伝えします。この世でやりたいことを実現するためにも、体を大切にしていきましょう。

心と体はつながっている

「運がいい人」は「健康な人」というイメージがあります。

運がいい人は、いつもエネルギーがみなぎっていて、明るく元気……。これは、イメージではなく事実です。運が開けてくると、自分の感情整理ができるようになるので、ストレスが消え、体の調子がよくなるからです。

体の不調や病気は、一見、心と何の関係性もないように思いますが、実はとても密接です。実際、多くの臨床医も、自律神経の観点から、心（ストレス）と病気の関係について説《と》いていますし、笑うことによってガン細胞が消滅したことを証明している医師もいます。そのくらい、心と体には深い関係性があるのです。

なぜストレスがたまるのかというと、自分の感情を言葉にできていないからです。たとえば「頭にきた！」とネガティブな感情が湧いたとき、その感情をそのまま放置すると、ストレスとして体に蓄積されてしまいます。

すると、その行き場を失ったネガティブな感情は、その存在に気づいてもらうために、体にさまざまな症状として現すことで、感情整理ができていないことを教えてくれているのです。

では、ネガティブな感情が湧いてきたら、どのように扱えばいいのでしょうか？

「頭にきた！」とそのままストレートに口に出してしまうのは、よくありません。マイナスの言霊は、自分自身を負のパワーで包み、運を下げる原因にもなってしまいます。

そこで、怒りなどのネガティブな感情が湧いてきたら、「なぜ私は、怒りが湧き出たのだろう」と、自分の心の奥底を観察します。

すると、「本当は羨ましかったんだ」「認めてほしかったんだ」「もっと関心を向けてほしかったんだ」などといった、心の本当の声が聴こえてきます。

この声が聴こえるようになると、感情の整理ができた印《しるし》です。ストレスをムダにためることはありませんから、体にも負担がかからず、健康的になれるのです。

ネガティブな感情が湧いたら、「なぜ、そういう気持ちになったのか」「本当は、私は何をしたかったのか」などと自分に問いかけ、その答えを言葉にしてみましょう。それだけで、ストレスがかなり軽減され、健康になれるはずです。

運気が上がった途端に風邪をひくことも

前に説明したように、運気と健康は密接な関係があります。ですから、健康運が上がっているときは運気も上向きで、健康運が下がっているときは運気も下降気味と考えてほぼ間違いありません。

ただし、例外があります。それは、八方塞《はっぽうふさ》がりの状況から抜け出て、急に運気が上がったときに風邪をひいたり、アレルギー症状が出たりといった場合です。人は、気を張って緊張のなかで生きていると、体のなかに我慢や悲しみ、苦労、つらさなどのネガティブな感情がこもってしまい、しばらくの間無症状になってしまうことがあります。これは、自分の正直な気持ちを無視したため、鈍感になってしまった結果です。

しかし、何かの拍子で緊張が解け、運気が上がりはじめると、それまで体のなかにこもっていたネガティブな感情が、一気に外に排出されるため、一時的に不調になることがあるのです。まさに、デトックスです。不要なものが排出されると、そのあとは、どんどん運気が上がりだします。

反対に、運がいい人が、ずっとその運気を持続させようと気を張ってがんばっていると、気がゆるんだ途端、一時的に運気が下がって風邪をひいたり、体調が崩れたりすることもあります。

このように、運気の上がり、下がりによって、一時的に体調が乱れることがありますが、それを悪くとらえる必要はありません。第1章でも説明したように、運とはバイオリズムですから、張り詰めていたものが解けないと、上には上がれないからです。

運気と健康には深いつながりがあるのです。

魂が健康なら幸せになれる

生まれつき股関節《こかんせつ》の形成が弱く、歩行が困難という方から「みんなと同じように走ったり、踊ったりしたいのに、私はそれを叶えることができません。健康な体を持っている人を見ると妬んでしまいます。そんな自分がイヤで仕方ありません」とご相談がありました。

先天性のご病気を持っておられる方の日常は、健康な人には計り知れない苦労の連続でしょう。しかし、体が不自由だからといって、心が不健康になるわけではありません。ここはとっても重要なポイントです。

持病やご病気、事故に遭われたりして肉体が不自由であっても、あなた自身の魂は何ひとつ変わらず、いつも幸せを望んでいるのです。また、不自由な体だからこそ学べることも多いでしょう。神様は乗り越えられないことはお与えになりませんから、あなたの苦労、困難は必ず乗り越えられるはずです。

「この体のつらさは自分しかわからない」と思いがちですが、ぜひ周りを見渡してみてください。きっとあなたの身近なところに、あなたを理解しようとしてくれている人がいるはずです。

「自分ひとり」と思わず、周りに助けを求めましょう。周りに誰もいなければ、自治体などの相談窓口を利用するのもいいと思います。

どんなにつらい出来事に遭遇しても、それを糧《かて》に乗り越えた人は、そうではない人よりもパワーが増しています。実際に鑑定をしてみても、圧倒的に強いパワーを感じるものです。

魂が輝いていれば、どんな状況でも幸せを感じて生きていけるということなのです。

感謝と笑いがガンを撃退する

ときどき、「ガンが消えて元気になった」「ガンの進行が止まり、何不自由なく生活している」といった不思議な話を耳にします。医学では解明できないようなことが起こるとき、私たちは「奇跡が起こった」と表現しますが、ガンが治ることは本当に奇跡なのでしょうか？

私はそうは思いません。前にも言ったとおり、病気になることは、「心や体に負担になっていることがある」「しかもガンになるほど痛めつけていることがある」と教えてくれていることです。ということは、これまでの自分を心底反省し、生き方を180度変えると決意して、感謝と笑いであふれる生活を実践できたら、ガン細胞がなくなっても不思議ではないのです。

実際、笑うとウイルスやガン細胞などを攻撃するＮＫ細胞が活性化し、免疫力が高くなるということが医学的にも証明されています。このＮＫ細胞は全身に存在しているので、活性化することで病気を退治してくれているのかもしれません。

私たちの体は、どんな強力な薬も敵《かな》わない自己治癒力《ちゆりょく》を持っているのです。

健康運を上げるということは、まさにこの自己治癒力を上げるということです。そのためには、笑う、感謝する以外にも、「生きがい」となるものを持つといった前向きな気持ちも欠かせません。

病気というものは、これまで長い間不満を抱え、自分いじめをしてきた結果なのです。ですから、そのことに真摯《しんし》に向き合い、心から自分を１００パーセント変えていく強い気持ちが大事です。

自分の心の持ち方ひとつで、病気とは無縁の「最強の健康運」を手にすることができるのです。

不眠を招いている原因に気づく

最近多いご相談のひとつに、「夜なかなか寝つけない」「眠りが浅く、すぐ目が覚めてしまい、それからしばらくの間眠れない」といったような不眠の悩みが挙げられます。

不眠の原因はいろいろですが、心配や不安などがあると体がリラックスできず、なかなか眠りにつけません。また、それに追い打ちをかけるように、悪い霊が眠りを邪魔してくることもあるのです。

怖がらせるわけではないのですが、眠れないときに限って、物がぶつかるような小さな音が聞こえる方もいます。それは、近くにいる霊が「私に気づいて」と言っているサインです。

これらの霊は未成仏《みじょうぶつ》の霊。きっとこの世に思い残したことがあり、まだあの世に行くことができずさまよっているのでしょう。心配事や不安などであなたのエネルギーが低下していると、未成仏霊の低迷したエネルギーと共鳴して、同じようなエネルギーを発する者同士が自然に引き寄せられてしまうのです。

そこで、なかなか眠れないという場合は、陰陽道の技である「埋鎮《まいちん》の儀式」を試してください。まず、小さなお皿を８枚用意します。２枚ずつお皿の表と表を重ねて、寝室の四隅に置いてください。これだけで悪い霊を封じ込めることができます。

また、１日を気持ちよくスタートさせるために、朝起きたら東の窓際に立ち、朝日を浴びましょう。東側に窓がない場合は、部屋中の窓を開けて空気を入れ換え、東側に向かって３回深呼吸をします。

こうして、朝日が昇る東から始まりのパワーを吸収することで、いい１日をスタートさせることができるようになります。

タバコとお酒はすべての運を下げる原因

運を上げたいなら、絶対にやめなくてはならないものがあります。それは、「タバコ」と「お酒」。お酒はその場で楽しくリラックスして過ごすために1～2杯飲む程度ならいいのですが、ダラダラと際限なく飲んだり、お酒に飲まれてしまうような飲み方をしていると、運気は急激に下がってしまいます。

そもそも、タバコやお酒は過ぎれば体に悪いものだとわかっていながらも、なかなかやめられないのは、それらに依存してしまうからです。イライラしたとき、イヤなことがあったときに、タバコを吸ったりお酒を飲んだりすると落ち着くように感じるのは、ネガティブな感情が一時的に緩和《かんわ》するからです。つらい気持ちが一瞬なくなるので、やめられなくなり、ネガティブな感情の逃げ場としてしまうのです。

しかし、ネガティブな感情は、なぜそのような気持ちが生まれたのかを分析しない限り浄化できず、ストレスとなって病気を引き起こし、体を痛めつけてしまいます。そのうえ、タバコやお酒の成分による害も手伝って細胞を傷つけ、健康運はどんどん悪化の一途をたどり、すべての運が下がってしまうのです。

では、どうすればタバコやお酒をやめることができるでしょうか？

私はいつも、「吸い終わったタバコの箱や飲み終わったビールの缶、焼酎の瓶などを捨てずに、棚の上に並べたり重ねたりしてください」とアドバイスしています。すると、自分がどれくらいタバコを吸ったり、お酒を飲んだりしたのかが一目でわかるので自覚することができます。この自覚が大切なのです。

よく、健康診断で高血圧と指摘されたのを機にお酒をやめた、腸のポリープが発見されたのを機にタバコをやめたなどの話を聞きますが、それは「これ以上続けると命に関わる。まずいな」と自覚できたからです。自覚することで、徐々に量を減らしていけた方も少なくありませんから、ぜひ試してみてください。

老いることに抵抗しない

年齢相応に姿が変わっていくことは、大事なことです。逆に、年齢に逆らおうとすると、今の自分を否定することになり、運を下げることにもなりかねません。

いつまでも若くいたいという気持ち自体は悪いものではないのですが、だからといって、シワやたるみ、シミといった外見の変化を気にしすぎるのはよくありません。鏡を見るのもイヤになってしまうと、自分を嫌い、心を閉ざしてしまいがちになります。これでは、内面も外見もくすんでしまう一方です。

シワやたるみ、シミを見つければ、たしかに気になるかもしれません。でも、それも全部愛すべき自分の一部だと思ってみてはどうでしょうか。

ケアを忘れるほど、がんばって生きてきた証拠です。そう考えると、自分を愛おしく思えるようになりませんか？

また、老《ふ》けて見られる方は、若い人と行動をともにする機会が少ないように感じます。実際、60代の男性と結婚した30代の女性の相談者は、「夫といつも一緒にいたところ、考え方だけでなく、表情やしぐさなども老けてしまった。どうすれば若さを取り戻せるのか？」と悩まれていました。

このように、人は周りの環境によっても内面、外見が変わってくるものです。老けて見られることが気になるなら、若い人たちが集まる場所に行きましょう。すると、明るい話題も多いので、自然と気持ちも明るくなっていきます。

また、周りに愚痴や悪口ばかり言っている友だちが多い人も、老けやすいので気をつける必要があります。マイナス発言は、私たちをたちまちネガティブな感情で包み、体に負荷《ふか》をかけてストレスを発生させるからです。マイナス発言の多い友だちがいたら、そこにはなるべく加わらないようにして、意識して前向きな人たちと過ごすように心がけましょう。

自分を労りながら、ポジティブな気持ちを持って生きる。これこそが、いつまでも若くありつづけるコツであり、強運をつかむ方法なのです。

最高の「死」の迎え方

人生で「運」を上げていった結果、何が待っているのか。それは、最高の死です。

私たちは、死ぬ間際に「この世に生を受けて本当によかった。最高に楽しかった」と思えたら、人生を全うしたと心から言えるのではないでしょうか?

たとえば、死を覚悟しなければならないような病気を宣告されたとき、私たちは大きなショックを受け、落ち込み、悔やみ、心の平静さを失ってしまいます。

私のところには、命の期限を宣告され悲しみにくれた方もいらっしゃいますが、そんなとき私は、死を意識して生きるのではなく、生を意識して生きるように導きます。

先日、40代後半の女性の方で、「乳ガンがわかり、余命2カ月と言われました。どうやって心の整理をつけたらいいかわかりません」と涙を流されながら相談にこられました。私は「何かやりたいことはありますか？　この紙に書いてみてください」と言って白い紙とペンを渡すと、彼女は「ピアノが弾けるようになりたい」と書きました。小さい頃からピアノを習いたかったそうですが、その夢が叶わず、大人になった今、ピアノを習ってみたいというのです。

そこで私は「亡くなるということは、この世においてやることがすべてなくなったときです。まだやるべきことがあるので、亡くなりませんよ」と伝えました。彼女は乳ガンに冒《おか》されていたので肩から指先にかけて痛かったのですが、その日からずっとピアノの練習を続け、『カノン』という曲を弾けるようになりました。そのとき、すでに余命宣告をされてから４カ月目になっていましたが、身内を集めて小さなコンサートを開いたその夜に亡くなったと、家族の方からご報告をいただきました。彼女は、やりたいことをやり切って、あの世に旅立ったのです。

すべてのものに陰と陽があるように、「死」も人生のなかの流れのひとつです。だからこそ、やりたいことをやり遂げてこの世から卒業できたら幸せなのだと思います。

付録

願いが叶う、橋本京明直筆の霊符

本書の付録として、「所願成就」「災害不到」の霊符を左ページに付けております。霊符は、叶えたい願いを込めることによって、効き目を発揮するお札のことです。本来は、自分で念を込めながら霊符を書くことがもっとも効果的なのですが、慣れないとなかなか難しいので、代わりに私が、みなさまにかわって書かせていただきました。この霊符は、運気を高める基盤づくり、集中力アップ、健康の運気アップにも効果的です。

切り取り線から切り離し、運気が上がるように強く念じてください。折り曲げたり、粗末に扱ったりすると効力が半減してしまいます。クリアファイルやパウチフィルムなどに入れ、普段よくいる場所に置いたり、身につけたり、常に見られる状態にしておきましょう。

橋本京明（はしもと・きょうめい）

神官の家系に生まれ、幼いころから念視・予知をするなど〝不思議な力〟を持ち、8歳で四柱推命・紫微斗数など、数々の占いを学び始める。人の心を学ぶため、金峯山寺や比叡山行院など仏教の寺社でも修行を積み、高校卒業後は、サラリーマンと並行して占いの個人鑑定を開始。2008年に地元・福島県郡山市にて「橋本京明オフィス」を開業すると、その的中率の高さが話題となり、TVや雑誌など各メディアで活躍。その後は東京を拠点に個人鑑定を行う。自身のYouTubeチャンネルでは、占いや開運術、除霊動画などを配信。現在、チャンネル登録者数は16万人超（2020年9月現在）。著書に『陰陽師・橋本京明のとらわれない生き方』（大和書房）、『呪いを祓う55の方法』（宝島社）などがある。

橋本京明オフィシャルサイト
http://www.last-onmyoji.jp/

本作品は小社より二〇一四年一二月に刊行されました。

だいわ文庫

1%の幸運《こううん》を100%手《て》に入《い》れる
強運《きょううん》のつかみ方《かた》

著者　橋本京明《はしもときょうめい》

©2020 Kyomei Hashimoto Printed in Japan

二〇二〇年一〇月一五日第一刷発行

発行者　佐藤　靖
発行所　大和《だいわ》書房
東京都文京区関口一-三三-四　〒一一二-〇〇一四
電話　〇三-三二〇三-四五一一

フォーマットデザイン　鈴木成一デザイン室
本文デザイン　内村美早子（anemone graphic）
編集協力　RIKA（チア・アップ）
本文印刷　厚徳社
カバー印刷　山一印刷
製本　ナショナル製本

ISBN978-4-479-30839-3
乱丁本・落丁本はお取り替えいたします。
http://www.daiwashobo.co.jp

だいわ文庫の好評既刊

橋本京明
陰陽師・橋本京明のとらわれない生き方
話題の占い師・橋本京明がこれまでの鑑定経験を踏まえ、人間関係、恋愛、仕事、お金などにまつわるすべての悩みを解消します！
650円
343-1 D

大野裕
こころが軽くなる気分転換のコツ
ちょっとした視点の切り替えで沈んだ気持ちが楽になる方法があった！　人間は誰もがありのまま自分らしく前向きに生きていける！
600円
119-1 B

たかたまさひろ
こころのおそうじ。
読むだけで気持ちが軽くなる本
イライラ、ムカムカ、カリカリ……自分の気持ち持て余していませんか？　読むだけで嫌な気持ちがなくなります。
600円
137-2 D

*アルボムッレ・スマナサーラ
心がフッと軽くなるブッダの瞑想
歩いて・立って・座ってできるブッダの瞑想。「今」という瞬間に完全に集中し、本当の「自分」に気づく心をきたえます。
600円
176-1 B

鴻上尚史
孤独と不安のレッスン
「ニセモノの孤独」と「後ろ向きの不安」は人生を破壊するが「本物の孤独」と「前向きな不安」は人生を広げてくれる。
648円
189-1 D

小林正観
ごえんの法則
五つの「えん」の意味を解く
人との「縁」、支え合う「援」、楽しい「宴」、お金の「円」、集まりの「園」。年間講演330回の著者が5つの「えん」を語る。
650円
258-1 D

*印は書き下ろし

表示価格はすべて本体価格（税別）です。本体価格は変更することがあります。